Christian Teicher

Die Konstruktion von Kreditderivaten

Eine kritische Analyse vor dem Hintergrund
der weltweiten Finanzkrise

Diplomica® Verlag GmbH

Teicher, Christian: Die Konstruktion von Kreditderivaten: Eine kritische Analyse vor dem Hintergrund der weltweiten Finanzkrise, Hamburg, Diplomica Verlag GmbH 2009

ISBN: 978-3-8366-8480-4
Druck: Diplomica® Verlag GmbH, Hamburg, 2009

Bibliografische Information der Deutschen Nationalbibliothek:
Die Deutsche Nationalbibliothek verzeichnet diese Publikation in der Deutschen Nationalbibliografie;
detaillierte bibliografische Daten sind im Internet über http://dnb.d-nb.de abrufbar.

Die digitale Ausgabe (eBook-Ausgabe) dieses Titels trägt die ISBN 978-3-8366-3480-9 und kann über den Handel oder den Verlag bezogen werden.

© Diplomica Verlag GmbH
http://www.diplomica-verlag.de, Hamburg 2009
Printed in Germany

Inhaltsverzeichnis

Abbildungsverzeichnis

Tabellenverzeichnis

Abkürzungsverzeichnis

ABCP	Asset Backed Commercial Paper
ABS	Asset Backed Securities
ARM	Adjustable Rate Mortgage
BBA	British Bankers' Association
Bill.	Billionen
bp.	Basispunkte
bspw.	beispielsweise
bzw.	beziehungsweise
bzgl.	bezüglich
ca.	circa
CBO	Collaterlized Bond Obligations
CDO	Collaterlized Debt Obligations
CDS	Credit Default Swaps
CLN	Credit Linked Notes
CSO	Credit Spread Options
CLO	Collaterlized Loan Obligations
EURIBOR	Euro Interbank Offered Rate
f.	folgende
ff.	fortfolgende
ggf.	gegebenenfalls
i. Allg.	im Allgemeinen
i. d. R.	in der Regel
IWF	Internationaler Währungsfonds
i. e. S.	im engeren Sinne
i. w. S.	im weitesten Sinne
insbes.	insbesondere
ISDA	International Swaps and Derivatives Association
LIBOR	London Interbank Offered Rate
MBS	Mortgage Backed Securities
mind.	mindestens
Mio.	Millionen
Mrd.	Milliarden
o. g.	oben genannt
OECD	Organisation for Economic Co-operation and Development
resp.	respektive

S.	Seite(n)
sog.	sogenannte
SPE	Special Purpose Entities
SPV	Special Purpose Vehicle
SIV	Structured Investment Vehicle
synth.	synthetisch
TRS	Total Return Swaps
u. a.	unter anderem
u. v. m.	und viele mehr
vgl.	vergleiche
z. B.	zum Beispiel

1 Einleitung

1.1 Problemstellung

„Auch die Subprime-Krise wird später ihren Platz in den Geschichtsbüchern erhalten."[1] Diese Aussage von Jochen Sanio, dem Präsident der Bundesanstalt für Finanzdienstleistungsaufsicht, verdeutlicht die Dimension der seit Mitte 2007 andauernden weltweiten Finanzkrise. Nach Schätzungen des Internationalen Währungsfonds (IWF) könnten sich die Verluste im weiteren Verlauf der Finanzkrise auf bis zu eine Bill. US-Dollar summieren.[2] Allein die Abschreibungen, die weltweit Finanzinstitutionen im Zuge der Krise vornehmen mussten, beliefen sich bis Juli 2008 auf über 400 Mrd. US-Dollar.[3]

Ausgangspunkt dieser Krise ist der US-Immobilienmarkt. Jahrelang wurden dort Hypothekenkredite an Personen mit geringer Bonität vergeben, sog. Subprime-Kredite. Im Laufe der Zeit konnten die Kredite von den Schuldnern nicht mehr bedient werden. Das Resultat war eine Kettenreaktion, die zu einer weltweiten Krise führte. Es stellt sich nun die Frage, wie der US-Immobilienmarkt der Auslöser für die aktuelle Krise sein kann. Auf den ersten Blick müsste die Krise auf den US-Finanzmarkt beschränkt sein, da i. d. R. nur US-Banken in die Hypothekenvergabe involviert waren. Es hat sich aber gezeigt, dass Finanzinstitute der ganzen Welt von der Krise betroffen sind.

Im Zuge der Krise rückten die sog. *Kreditderivate* in den Fokus der Öffentlichkeit. Sie werden als „*Giftmüll für das Finanzsystem*" oder auch als „*Massenvernichtungswaffen*" bezeichnet.[4] In der einfachsten Form ermöglichen Kreditderivate die Weiterreichung des Ausfallrisikos eines Kredites an einen Vertragspartner, ohne den zugrunde liegenden Kredit zu verkaufen. Für die Übernahme des Ausfallrisikos erhält der Kontraktpartner eine Prämie. Dafür verpflichtet sich dieser zu einer Ausgleichszahlung, wenn der Kreditnehmer seinen Zahlungsverpflichtungen nicht mehr nachkommen kann. Daher entspricht das Prinzip eines Kreditderivates dem einer Kreditversicherung. Es existieren allerdings komplexere Kreditderivate, die die Weiterreichung des Ausfallrisikos von tausenden Krediten ermöglichen.

---

[1] Sanio (2008), S. 18.
[2] Vgl. Internationaler Währungsfonds (2008), S. 13.
[3] Vgl. Reuters (2008).
[4] Vgl. Spiegel Online (2007a).

1.2 Zielsetzung und Aufbau des Buches

Wie bereits in dem vorangegangenen Abschnitt dargelegt, sind Kreditderivate seit der Finanzkrise verstärkt in die Kritik geraten und somit in den Fokus der Öffentlichkeit gerückt. Doch worum handelt es sich bei Kreditderivaten und wie sind diese konstruiert? Inwieweit sind sie mitverantwortlich für die Krise? Die Beantwortung dieser Fragen ist das Ziel des vorliegenden Buches. Um diese Zielsetzung zu erreichen gliedert sich die Untersuchung wie folgt:

Nachdem im *ersten Kapitel* die Problematik und die Zielsetzung dargelegt wurden, werden im *zweiten Kapitel* wichtige theoretische und begriffliche Grundlagen für das Buch erläutert. Da das Kreditgeschäft für Banken von wesentlicher Bedeutung ist, wird zunächst der Begriff Kredit und die damit verbundenen Kreditrisiken konkretisiert. Darauf aufbauend werden anschließend in Abschnitt 2.2 die Anforderungen und Aufgaben des Kreditrisikomanagements thematisiert, die sich im Zeitablauf gewandelt haben. Die Instrumente die dem Kreditrisikomanagement für die Steuerung von Kreditrisiken zur Verfügung stehen, werden im anschließenden Kapitel dargelegt.

Aufgrund ihrer hohen Bedeutung beschäftigt sich das *dritte Kapitel* mit den Instrumenten des Kreditrisikotransfers. Diese sind äußerst vielfältig und haben im Laufe der Zeit an Komplexität zugenommen. Den Schwerpunkt in diesem Abschnitt bilden die sog. Asset Backed Securities, die die Weitergabe von Krediten an den Kapitalmarkt erlauben. Diese nehmen im Verlauf des Buches aufgrund ihres Zusammenhangs mit Kreditderivaten und der Finanzkrise einen hohen Stellenwert ein. Die traditionellen Instrumente werden hingegen nur kurz skizziert.

Im Rahmen des *vierten Kapitels* werden Kreditderivate ausführlich vorgestellt. Zu Beginn des Kapitels werden die Grundlagen von Kreditderivaten präzisiert. Anschließend werden in Abschnitt 4.2 Kreditderivate in der Grundstruktur erläutert. Obwohl es eine Vielzahl von Realisierungsmöglichkeiten von Kreditderivaten gibt, basieren diese meist auf drei Grundformen. Darauf aufbauend befasst sich der Abschnitt 4.3 mit strukturierten Kreditderivaten. Im Anschluss daran wird der Markt und die Anwendungsmöglichkeiten von Kreditderivaten konkretisiert. Ein weiterer wichtiger Aspekt sind die Informationsprobleme, die im Kontext des Risikotransfers mit Kreditderivaten entstehen können. Dies wird in Abschnitt 4.6 angesprochen. In Abschnitt 4.7 wird auf die Bewertung von Kreditderivaten eingegangen. Abschließend werden die Ergebnisse des Kapitels kurz dargelegt und kritisch beurteilt.

Im *fünften Kapitel* wird auf die Rolle von Kreditderivaten in der Finanzkrise eingegangen. Des Weiteren sollen in diesem Kapitel weitere Faktoren herausgearbeitet werden, die zu der Krise geführt haben. Zunächst erhält der Leser einen umfassenden Überblick über die Finanzkrise. Daraufhin wird auf die Verbriefungsmethoden von Subprimekrediten eingegangen. In diesem Abschnitt wird sich zeigen, dass es sich dabei teilweise um hoch komplexe Strukturen handelt. Die Entwicklung dieser Konstrukte wurde von mehreren Faktoren begünstigt, die teilweise 20 Jahre zurückliegen. Der Weg in die Krise ist Thema des Abschnittes 5.3 sein. In dem letzten Abschnitt des Kapitels werden die Akteure vorgestellt, die von der Krise betroffen oder mitverantwortlich für diese sind.

Im *sechsten Kapitel* werden die wesentlichen Ergebnisse des Buches noch einmal zusammengefasst. Die Ergebnisse werden in diesem Zusammenhang kritisch kommentiert und mögliche Konsequenzen aufgezeigt. Darüber hinaus soll ein Ausblick über den möglichen Fortgang der Krise erfolgen.

2   Begriffliche und theoretische Grundlagen

2.1   Kredit und Kreditrisiko

Bei einem *Kredit* handelt es sich i. Allg. um eine Vereinbarung, bei dem der Kreditgeber (Gläubiger) dem Kreditnehmer (Schuldner) einen Geldbetrag für einen bestimmten Zeitraum zur Verfügung stellt. Diesen Betrag muss der Kreditnehmer zu einem späteren Zeitpunkt an den Kreditgeber zurückbezahlen. Darüber hinaus verpflichtet sich der Kreditnehmer i. d. R. für die Dauer des Vertrages zu periodischen *Zinszahlungen*.[5] Abbildung 1 skizziert beispielhaft die Zahlungsströme einer Kreditbeziehung zwischen Kreditgeber und Kreditnehmer.

Abbildung 1: Zahlungsströme einer Kreditbeziehung

Quelle: Eigene Darstellung

Im weiteren Verlauf des Buches wird unter einem Kredit die Bereitstellung von Geld für einen bestimmten Zeitraum verstanden. Dabei ist es unerheblich, in welcher Form dies geschieht. Es kann sich dabei bspw. um einen klassischen Bankkredit handeln oder um die Kreditaufnahme über den *Kapitalmarkt*[6] mit Hilfe von Anleihen (Schuldverschreibungen bzw. Bonds). Erfolgt die Kapitalaufnahme mittels Anleihen, so fungiert der Käufer einer Anleihe als der Kreditgeber und der Emittent einer Anleihe als Kreditnehmer. Diese Art der Kapitalaufnahme ist besonders in den USA ausgeprägt.[7]

Gleichgültig, um welche Art des Kredites es sich handelt, geht der Gläubiger in einer Kreditbeziehung verschiedene Risiken ein. Diese Risiken spiegeln sich dabei in der Höhe der Zinszahlungen, die der Kreditnehmer zu entrichten hat, wider. Je höher die erwarteten Risiken in einer Kreditbeziehung sind, umso höher

---

[5]   Vgl. Hartmann-Wendels, Pfingsten, u. Weber (2007), S. 135; vgl. auch Martin, Reitz, u. Wehn (2006), S. 2 f.

[6]   Auf dem Kapitalmarkt werden mittel- und langfristig orientierte Beteiligungs- und Kredittransaktionen abgeschlossen. Des Weiteren lässt sich zwischen dem *Primärmarkt* und *Sekundärmarkt* des Kapitalmarktes unterscheiden. Bei einem Primärmarkt handelt es sich um einen Finanzmarkt für die Erstausgabe (Emission) von Finanzkapital resp. Finanzkontrakten. In der Regel geschieht dies mit der Emission von Aktien oder Anleihen. Am Sekundärmarkt werden die von dem Primärmarkt bereits emittierten Finanzkontrakte gehandelt und an Dritte veräußert.

[7]   Vgl. Burghof, Rudolph, u. Paul (2005), S. 15.

sind die Zinszahlungen.

So besteht für den Kreditgeber zum einen die Gefahr, dass der Kreditnehmer seinen Zahlungsverpflichtungen nicht, teilweise oder nur verspätet nachkommt. Einer der Gründe für einen solchen Sachverhalt kann z. B. die Insolvenz des Kreditnehmers sein. Dem Kreditgeber entsteht dadurch ein Verlust in Höhe der ausstehenden Zahlungen. Dieses Risiko wird als *Ausfallrisiko* bezeichnet.[8] Zum anderen kann es zu einer Verschlechterung der Kreditwürdigkeit resp. Bonität des Schuldners während der Kreditlaufzeit kommen. Ein solches Ereignis wird unter dem Begriff *Bonitätsrisiko* verstanden.[9] Besitzt der Schuldner ein Rating von einer Ratingagentur wie Moody's, Standard & Poor's oder Fitch Ratings, wird das Bonitätsrisiko auch als *Migrationsrisiko* bezeichnet. Die Migration eines Schuldners steht für eine Wanderbewegung zwischen den Ratingklassen.[10] Das Migrationsrisiko beschreibt somit die Gefahr der Rating-Herabstufung des Schuldners aufgrund dessen Bonitätsverschlechterung.[11] Kommt es während einer Kreditbeziehung zu einer Verschlechterung der Bonität seitens des Kreditnehmers, steigt die Ausfallwahrscheinlichkeit des Kredites. Handelt es sich bei dem Kredit um eine Anleihe, führt dies zusätzlich zu sinkenden Kursen der Anleihe.[12] Dies lässt sich damit begründen, dass die Zinszahlungen der Anleihe auf einem höheren Rating basieren und nach einer Herabstufung nicht mehr das tatsächliche Risiko widerspiegeln.[13]

Die aufgeführten Risiken lassen sich unter dem Begriff *idiosynkratisches (schuldnerspezifisches) Kreditrisiko*, oder auch *Adressrisiko* genannt, zusammenfassen.[14] Sie bilden die primären Risikokomponenten in einer Kreditbeziehung, da sie explizit von dem Schuldner abhängig sind. Andere Bestandteile des Kreditrisikos werden hingegen nicht direkt von dem Schuldner beeinflusst und sind daher als sekundäre Risikokomponenten des Kreditrisikos zu betrachten. Zu diesen zählen das *Spreadrisiko resp. Zinsrisiko* und das *Länderrisiko*.

Unter dem Zinsrisiko wird eine Veränderung der Zinsdifferenz zwischen einer risikolosen und einer risikobehafteten Position bei gleichbleibender Bonität des Schuldners verstanden.[15] In erster Linie sind Anleihen von diesem Risiko be-

---

[8] Vgl. Anson, Fabozzi, Choudhry, u. Chen (2004), S. 5.
[9] Vgl. Burghof u. a. (2005), S. 4.
[10] Vgl. Martin u. a. (2006), S. 6.
[11] Vgl. Meissner (2005), S. 1.
[12] Vgl. Winkel (2004), S. 551.
[13] Vgl. Kretschmer (1999), S. 361.
[14] Vgl. Oehler u. Unser (2001), S. 298.
[15] Vgl. Deutsche Bundesbank (2004), S. 28.

troffen. Erhöht sich bspw. der Marktzins führt dies zu einem niedrigeren Wert der Anleihe et vice versa.[16] Werden Kredite an ausländische Kunden vergeben, besteht für Banken das Länderrisiko.[17] So kann der Schuldner durch staatliche Sanktionen gehindert werden, seinen Verbindlichkeiten nachzukommen. Dies wird als *Transferrisiko* bezeichnet. Gleichwohl lassen sich auch andere Faktoren, z. B. die Veränderung politischer Rahmenbedingungen oder Verstaatlichung, dem Länderrisiko zuordnen.

Im Fortgang des Buches bezieht sich das Kreditrisiko in erster Linie auf die primären Risikokomponenten, da diese direkt von dem Schuldner beeinflusst werden.[18] Demnach richtet sich die Höhe des Kreditrisikos nach der *Bonität* bzw. *Kreditwürdigkeit* des Schuldners. Um die Bonität resp. Kreditwürdigkeit des Schuldners beurteilen zu können, lassen sich *Rating-* oder *Scoringverfahren* verwenden.

Ziel eines Ratings ist die *Klassifizierung* eines Schuldners in eine bestimmte Ratingklasse, die die Bonität und somit das Kreditrisiko des Schuldners widerspiegelt. Des Weiteren ist jeder Ratingkategorie eine bestimmte Ausfallwahrscheinlichkeit zugeordnet. Grundlage für die Ratingeinteilung bilden quantitative und qualitative Daten des Kreditnehmers. Quantitative Kennzahlen sind z. B. Bilanz-, Konto-, Branchen- oder Konjunkturdaten. Qualitative Daten berücksichtigen hingegen Aspekte wie die Managementqualität eines Unternehmens.[19] Für die abschließende Ratingfestlegung werden die Daten, basierend auf historischen Erfahrungen, mit Hilfe von statistischen Verfahren gewichtet und zu einem Rating verdichtet.[20] Die Ratingeinschätzung kann durch den Gläubiger selbst erfolgen oder durch externe Ratingagenturen. Wird ein Rating von dem Gläubiger selbst durchgeführt, spricht man von einem *internen Rating*. Handelt es sich jedoch um eine Ratingerteilung durch eine Ratingagentur, bezeichnet man dieses als *externes Rating*. Da sich grundlegende Vorgehensweisen bei internen und externen Ratings nicht unterscheiden, beziehen sich die nachfolgenden Ausführungen auf externe Ratings.

Zu den drei wichtigsten Ratingagenturen gehören Moody's, Standard & Poor's und Fitch Ratings. Diese veröffentlichen in periodischen Abständen Ratings von

---

[16] Vgl. Steiner u. Bruns (2002), S. 58; vgl. auch Winkel (2004), S. 551.

[17] Vgl. Burghof u. a. (2005), S. 4.

[18] Es sei an dieser Stelle darauf hingewiesen, das i. Allg. keine eindeutige Definition des Kreditrisikos vorherrscht. Dies wird zum einem in der unterschiedlichen Definition in der Literatur deutlich und zum anderen zeigt dies ein Blick in die Geschäftsberichte bzw. Finanzberichte der Deutsche Bank (2007) (vgl. S. 60 f.) und der HypoVereinsbank (2007) (vgl. S. 89.).

[19] Vgl. Parchert (2003), S. 290.

[20] Vgl. Hartmann-Wendels u. a. (2007), S. 442; vgl. auch Perridon u. Steiner (2007), S. 174.

verschiedenen Kreditnehmergruppen bspw. von Ländern, Unternehmen, Banken u. v. m. und deren emittierten Anleihen. Die Tabelle 1 bildet die Ratingskalen mit den dazugehörigen Ratingklassifizierungen der drei genannten Ratingagenturen für Unternehmen und langfristige Verbindlichkeiten (z. B. Anleihen) und die damit verbundene Risikoeinschätzung ab. Die Ratingskalen lassen sich grob in die Bereiche *Investmentqualität* (Investment Grade) und *Spekulativ* (Speculative Grade) einteilen.[21]

Moody's	S&P	Fitch	Risikoeinschätzung
Aaa	AAA	AAA	Höchste Bonität, minimales Kreditrisiko
Aa1	AA+	AA+	
Aa2	AA	AA	Hohe Bonität, sehr geringes Kreditrisiko
Aa3	AA-	AA-	
A1	A+	A+	
A2	A	A	Gute Bonität, geringes Kreditrisiko
A3	A-	A-	
Baa1	BBB+	BBB+	
Baa2	BBB	BBB	Mittlere Bonität, moderates Kreditrisiko, teilweise spekulative Elemente
Baa3	BBB-	BBB-	
Ba1	BB+	BB+	
Ba2	BB	BB	Niedrige Bonität, erhebliches Kreditrisiko, spekulative Elemente
Ba3	BB-	BB-	
B1	B+	B+	
B2	B	B	Sehr niedrige Bonität, hohes Kreditrisiko, spekulativ
B3	B-	B-	
Caa1	CCC+	CCC+	
Caa2	CCC	CCC	Niedrigste Bonität, sehr hohes Kreditrisiko, hoch spekulativ
Caa3	CCC-	CCC-	
Ca	CC	CC	Hochgradig spekulativ, teilweiser Ausfall, Zahlungsverzug
C	C	C	
	D	D	Ausfall, Zahlungsunfähig

Tabelle 1: Ratingklassen und Interpretation

Quelle: Eigene Darstellung

Kreditnehmer mit einem Rating bis Baa3 bzw. BBB- gehören der Klasse mit Investmentqualität an. Alle darunterliegenden Ratings sind dem spekulativen Bereich zuzuordnen. Anleihen aus diesem Bereich werden auch als *Junk Bonds* oder

---

[21] Vgl. Steiner u. Bruns (2002), S. 189.

High-Yield Bonds bezeichnet, da deren Erwerb mit hohen Risiken verbunden ist.[22] Innerhalb der Bereiche werden weitere feinere Abstufungen in Form von zusätzlichen Zahlen bzw. Vorzeichen vorgenommen.[23] Hierbei ist anzumerken, dass es bestimmten institutionellen Anlegern untersagt ist, in den Bereich Speculative Grade zu investieren.[24]

Wie bereits angesprochen, wird jeder Ratingklasse eine bestimmte Ausfallwahrscheinlichkeit zugeordnet. Die Ausfallwahrscheinlichkeiten werden auf der Grundlage von *historisch beobachteten Ausfallraten* innerhalb der unterschiedlichen Kreditnehmergruppen u. a. mit Hilfe statistischer Methoden geschätzt.[25] Es wird also nicht die Ausfallwahrscheinlichkeit des Kreditnehmers selbst festgestellt, sondern die Ausfallwahrscheinlichkeiten der Kreditnehmergruppe, bspw. bei einzelnen Unternehmen die Ausfallwahrscheinlichkeiten der entsprechenden Branche. Dies hat zur Folge, dass eine direkte Zuordnung einer Ausfallwahrscheinlichkeit eines Schuldners mit Hilfe eines externen Ratings nicht möglich ist.[26] Demzufolge handelt es sich bei der Ausfallwahrscheinlichkeit lediglich um einen Schätzer für die Wahrscheinlichkeit des Ausfalls eines Kreditnehmers in der Zukunft. Tabelle 2 zeigt die kumulierten Ausfallraten von US-Unternehmen aus den Jahren 1985 bis 2007. Anhand der Tabelle wird deutlich, dass selbst Unternehmen mit einem Aaa-Rating und damit mit dem geringsten Kreditrisiko in der Vergangenheit Insolvenz anmelden mussten.

Ausfall	**Rating** (Ausfallraten in %)						
	Aaa	Aa	A	Baa	Ba	B	Caa-C
nach einem Jahr	0,000	0,000	0,027	0,213	1,308	4,795	17,069
nach fünf Jahren	0,037	0,170	0,620	2,168	11,392	25,535	47,916
nach zehn Jahren	0,058	0,410	1,189	4,615	19,911	41,269	67,029

Tabelle 2: Kumulierte Ausfallraten von US-Unternehmen

Quelle: Eigene Darstellung (Daten: Moody's Global Credit Research (2008), S. 9.)

Darüber hinaus zeigt es sich, dass im Zeitablauf die Gefahr der Insolvenz steigt. Besonders deutlich wird dies bei Unternehmen mit einem Rating mit Ba oder schlechter. So betrug die Ausfallrate von Unternehmen mit einem B-Rating nach einem Jahr fast 5%. Nach fünf Jahren betrug die Ausfallrate bereits 25%. Dies bedeutet, dass jedes vierte Unternehmen mit einem B-Rating nach fünf Jahren

---

[22] Vgl. Anson u. a. (2004), S. 25.
[23] Vgl. Heinrich (2005), S. 38.
[24] Vgl. Hielscher (1996), S. 214.
[25] Vgl. Hull (2006), S. 578; vgl. auch Parchert (2003), S. 293 ff.
[26] Vgl. Martin u. a. (2006), S. 4.

insolvent gegangen ist. Mit Hilfe eines Ratings ist es somit dem Kreditgeber vor der Vergabe des Kredites möglich, dass Kreditrisiko und die Kreditwürdigkeit des Kreditnehmers einzuschätzen. Das Rating spiegelt sich dann in den zu leistenden Zinszahlungen des Kreditnehmers an den Kreditgeber wider. Je niedriger das Rating eines Kreditnehmers ist, umso höher sind die Zinszahlungen, die der Kreditnehmer dem Kreditgeber zu entrichten hat et vice versa. Da die Zinszahlungen je nach Rating variieren lässt sich die Differenz der verschiedenen Zinszahlungen auch als *Risikoprämie* für das eingegangene Risiko interpretieren.

Grundsätzlich wird als Ausgangspunkt für die Bestimmung der Risikoprämie ein *risikoloser Referenzzinssatz* herangezogen. Bei diesem handelt es sich entweder um den *EURIBOR* (Euro Interbank Offered Rate) oder den *LIBOR* (London Interbank Offered Rate).[27] Bei Anleihen hingegen wird als risikoloser Referenzinssatz häufig der Zins von einer als quasi-risikolos geltenden Staatsanleihe, mit ansonsten gleichen Merkmalen herangezogen, bspw. von amerikanischen oder deutschen Staatsanleihen.[28] Die Risikoprämie, auch *Credit Spread* genannt, ist somit die Differenz zwischen dem risikobehafteten und dem risikolosen Zinssatz.[29] Üblicherweise wird die Risikoprämie bzw. der Credit Spread in *Basispunkten* (bp)[30] ausgedrückt.

Für Banken ist aufgrund ihrer Rolle als *Finanzintermediäre*[31] die Vergabe von Krediten von zentraler Bedeutung. Dementsprechend zählt das Kreditrisiko zu dem größten Risiko einer Bank.[32] So heißt es im Geschäftsbericht 2007 der Deutschen Bank: „Das Kreditrisiko ist für uns das größte Einzelrisiko."[33] Aufgrund dessen besteht für Banken die Gefahr der Insolvenz, wenn eine große Anzahl von Krediten nicht zurückbezahlt wird. Um dieses zu verhindern, existieren regulatorische Beschränkungen bei der Vergabe von Krediten. Grundlage für die Restriktionen bildeten die Empfehlungen in dem Schreiben *Internationale Konvergenz der Eigenkapitalmessung und Eigenkapitalanforderungen* des *Baseler Ausschuss für Bankenaufsicht* aus dem Jahr 1988. Die Empfehlungen sind besser bekannt als *Baseler Akkord* oder *Basel I*. Die Richtlinien wurden zu einem internationalen Standard und wurden in die jeweiligen nationalen Richtlinien aufgenommen. Der Anlass für die Notwendigkeit bestimmter Restriktionen bei der Kreditvergabe war das sehr

---

[27] Vgl. Becker u. Peppmeier (2006), S. 30 f.

[28] Vgl. Anson u. a. (2004), S. 40; vgl. auch Burghof u. Henke (2005b), S. 33.

[29] Vgl. Martin u. a. (2006), S. 3.

[30] 1 bp = 0,01% bzw. 100 bp = 1%.

[31] Unter dem Begriff Finanzintermediär ist ein Vermittler zwischen Kapitalangebot und Kapitalnachfrage zu verstehen.

[32] Vgl. Burghof u. a. (2005), S. 3; vgl. auch Hartmann-Wendels u. a. (2007), S. 437.

[33] Deutsche Bank (2007), S. 60.

niedrige Niveau des Eigenkapitals von Banken in den achtziger Jahren.[34]

Als Grund für das geringe Eigenkapitalniveau in den achtziger Jahren lassen sich zwei Komponenten identifizieren. Zum einem stieg, aufgrund der Globalisierung und Liberalisierung der Finanzmärkte, der Wettbewerb zwischen den Banken.[35] Zum anderen finanzierten sich Unternehmen aus dem Investment Grade Bereich zunehmend über den Kapitalmarkt mit Hilfe von Anleihen. Der Trend der Kapitalmarktfinanzierung von Unternehmen mit hoher Kreditqualität wird als *Disintermediation* bezeichnet. Dies führte dazu, dass Banken Kredite an Unternehmen mit einem niedrigeren Rating vergeben mussten und dadurch einem höheren Risiko ausgesetzt waren.[36]

Kerngedanke des Baseler Akkordes war es, dass Banken die von ihnen vergebenen Kredite mit einem Eigenkapitalbetrag in Höhe von 8% unterlegen mussten, dem sog. *regulatorischen Eigenkapital*. Somit war die Kreditvergabe auf das 12,5-fache des Eigenkapitals limitiert. Um die Unterschiede der Kreditnehmerqualität zu berücksichtigen, wurde zusätzlich ein *Risikogewichtungsfaktor* für verschiedene Kreditnehmer eingeführt. Damit verringerte sich die Eigenkapitalunterlegung für bestimmte Kreditnehmergruppen auf unter 8%. Mit Hilfe der folgenden Gleichung lässt sich das notwendige regulatorische Eigenkapital bestimmen:

$$regulatorisches\ Eigenkapital = Kreditbetrag\ x\ Risikogewicht\ x\ 8\%$$

Der Baseler Ausschuss legte fest, dass Kredite an Regierungen innerhalb der OECD eine Risikogewichtung von 0% erhalten. Dies bedeutet, dass Kredite an solche Regierungen nicht mit regulatorischem Eigenkapital unterlegt werden müssen. Banken, deren Sitz sich in einem OECD-Mitgliedstaat befindet, erhalten eine Risikogewichtung von 20%, dies hat zur Folge, dass das regulatorische Eigenkapital nur 1,6% des Kreditbetrages beträgt. Die Tabelle 3 zeigt die verschiedenen Gewichtungsfaktoren für ausgewählte Kreditnehmer.

Kreditnehmergruppe	OECD - Staaten	OECD - Banken	Hypotheken-kredite	Unternehmen & Privatpersonen
Risikogewicht (in %)	0	20	50	100

Tabelle 3: Risikogewichtungsfaktoren für ausgewählte Kreditnehmer

Quelle: Eigene Darstellung (Daten: Baseler Ausschuss für Bankenaufsicht (1988))

---

[34] Vgl. Cluse, Dernbach, Engels, u. Lellmann (2005), S. 19.
[35] Vgl. Dülfer (2005), S. 123.
[36] Vgl. Smithson (2003), S. 1.

Hypothekenkredite erhalten einen Risikogewichtungsfaktor von 50%, da der Kredit durch die Hypothek besichert ist. Dies führt zu einer Unterlegung mit Eigenkapital in Höhe von 4% des Kreditbetrages. Von besonderer Relevanz sind Kredite an Unternehmen und Privatpersonen. Diesen wird ein Risikogewicht von pauschal 100% zugewiesen und somit ist eine Eigenkapitunterlegung von 8% vorgeschrieben.[37]

Die allgemeine Problematik bei der Festlegung der Gewichtungsfaktoren durch Basel I besteht darin, dass die unterschiedliche Kreditnehmerqualität innerhalb der Kreditnehmergruppen unberücksichtigt bleibt. Für Unternehmen wird diese Diskrepanz besonders deutlich. Für die regulatorische Eigenkapitalunterlegung ist es irrelevant, ob es sich um ein AAA oder CCC geratetes Unternehmen handelt. Jedes Unternehmen hat ein Risikogewicht von 100%. Dabei unterscheidet sich das eingegangene Kreditrisiko der jeweiligen Ratingkategorie signifikant voneinander.[38] Dieser Sachverhalt wird ebenso deutlich, wenn das *regulatorische Eigenkapital* mit dem *ökonomischen Eigenkapital* verglichen wird. Bei dem ökonomischen Eigenkapital handelt es sich um das Kapital, welches bankintern für die Unterlegung von Krediten als notwendig erachtet wird.[39] Die folgende Abbildung 2 illustriert den Unterschied zwischen ökonomischem und regulatorischem Eigenkapital am Beispiel von Krediten an Unternehmen verschiedener Ratingklassen.

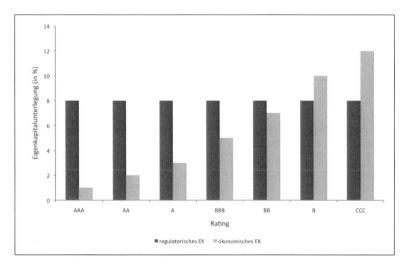

Abbildung 2: Eigenkapitalunterlegung von Krediten

Quelle: Eigene Darstellung

---

[37] Vgl. Baseler Ausschuss für Bankenaufsicht (1988), S. 1 ff.
[38] Vgl. Bomfim (2005), S. 33.
[39] Vgl. Becker u. Peppmeier (2006), S. 40; vgl. auch Deutsche Bundesbank (2002), S. 46 f.

Aufgrund der Diskrepanz zwischen ökonomischen und regulatorischen Eigenkapital ergaben sich für Banken Anreize, Kredite an Schuldner niedrigerer Qualität zu vergeben. Ein solches Vorgehen wird auch als *regulatorische Kapitalarbitrage* bezeichnet.[40] Grund dafür ist die Tatsache, dass Schuldner mit einer hohen Kreditqualität im Gegensatz zu Schuldnern minderer Bonität einen niedrigeren Zinssatz bei gleicher regulatorischer Kapitalunterlegung zahlen. Ökonomisch sinnvoll wäre bei Schuldnern hoher Qualität eine niedrigere Eigenkapitalunterlegung. Hingegen wäre bei Schuldnern mit einem hohen Kreditrisiko eine höhere Eigenkapitalunterlegung als die gesetzlich vorgeschriebene Kapitalunterlegung angebracht. Dies bedeutet, dass die Gewinnmargen aus Geschäften mit Kreditnehmern, die sich durch eine hohe Bonität auszeichnen, niedriger sind, da mit dem gebundenen Eigenkapital, das ökonomisch zu hoch ist, keine weiteren Investitionen, bspw. in Form weiterer Kredite, getätigt werden können.[41]

Des Weiteren sahen Banken einen Vorteil darin, bestehende Kredite mit einem niedrigen Kreditrisiko und dementsprechend niedrigen Zinsen an andere Marktteilnehmer zu verkaufen,[42] da der Baseler Akkord die Kreditvergabe auf das 12,5-fache des Eigenkapitals limitierte. Mit dem Verkauf der Kredite wurde Kapital freigesetzt, das wiederum für die Vergabe von neuen Krediten, die höhere Gewinnmargen generierten, verwendet werden konnte. Der Verkauf von Krediten war ggf. auch notwendig, um das Kreditportfolio der Banken zu reduzieren, um die regulatorischen Bedingungen zu erfüllen. Somit führte der Baseler Akkord letztlich zu einer nicht erwünschten Ausweichreaktion der Banken, da sich die Kreditrisiken der Kreditportfolios[43] erhöhten.[44]

Die Entwicklungen in den achtziger Jahren hatten zur Folge, dass die Anforderung an das Kreditrisikomanagement der Banken stieg. Aus diesem Grund sollen in dem nächsten Abschnitt die Aufgaben des Kreditrisikomanagements elaboriert werden.

2.2 Kreditrisikomanagement

Wie bereits im vorangegangenen Abschnitt dargelegt wurde, stellt das Kreditrisiko das größte Einzelpositionsrisiko für Banken dar. Dementsprechend ist für die Banken die *Steuerung* des Kreditrisikos von Kreditportfolios von besonderer Be-

---

[40] Vgl. Hartmann-Wendels u. a. (2007), S. 388; vgl. auch Deutsche Bundesbank (2002), S. 47.
[41] Vgl. Bomfim (2005), S. 33.
[42] Die verschiedenen Formen des Kreditverkaufs bzw. -weitergabe werden im Kapitel 3 thematisiert.
[43] Das Kreditportfolio umfasst sämtliche vergebene Kredite einer Bank.
[44] Vgl. Hartmann-Wendels u. a. (2007), S. 388.

deutung. Diese Aufgabe wird von dem *Kreditrisikomanagement* der Banken wahrgenommen. Das Ziel des Kreditrisikomanagement besteht darin, das Risikoprofil des Kreditportfolios zu optimieren. Dies beginnt bereits bei der Auswahl zukünftiger Kreditnehmer.

Mit Hilfe einer gründlichen *Kreditwürdigkeitsprüfung* lassen sich die potentiellen Risiken aus einer Kreditbeziehung im Vorfeld einschätzen und durch die Entscheidung der Kreditvergabe steuern. Da Banken eine Vielzahl von Krediten vergeben, lassen sich Kreditrisiken mit Hilfe der *Diversifikation* bei der Kreditvergabe des Kreditportfolios reduzieren. Der Diversifikationsgrad wird durch die Korrelationen der einzelnen Kredite und dem Verhältnis von Klein- zu Großkrediten, der sog. Granularität, bestimmt.[45] Eine hohe Granularität eines Kreditportfolios bedeutet, dass das Portfolio aus vielen Kleinkrediten besteht et vice versa. Bei einem schlecht diversifizierten Kreditportfolios besteht die Gefahr der sog. *Klumpenrisiken*, die die Existenz einer Bank bedrohen können.[46] Denn eine intensive Kreditvergabe in eine bestimmte Branche oder Region führt zu höheren Kreditrisiken, sollte sich die wirtschaftliche Lage in diesen Bereichen verschlechtern.[47] Außerdem beschreibt das Klumpenrisiko die Gefahr eines zu starken Kreditengagements an einen einzelnen Schuldner. Sollte dieser Insolvenz anmelden müssen, würden der Bank hohe Verluste entstehen. Um dieses zu vermeiden, legt das Kreditrisikomanagement *Kreditobergrenzen* fest, die das Kreditvolumen an einzelne Schuldner limitieren.[48]

Lange Zeit beschränkten sich die Möglichkeiten zur Steuerung der Kreditrisiken des Kreditrisikomanagements auf die o. g. Maßnahmen. Der Grund hierfür war die Annahme, dass Kredite bzw. Kreditrisiken gar nicht oder nur eingeschränkt handelbar sind. Dadurch war bspw. die Diversifikation des Kreditportfolios für Banken nur bis zu einem gewissen Grade möglich. Dies galt insb. für Regionalbanken, wie Sparkassen oder Volksbanken, die aufgrund ihres Regionalprinzips nur begrenzte Möglichkeiten der Diversifikation hatten.[49] Die Kreditvergabe der Banken entsprach aus diesem Grund einer *Buy & Hold* Strategie, da die Banken die Kredite bis zu ihrer Fälligkeit oder ihren Ausfall hielten. Somit beschränkte sich das Kreditrisikomanagement nach der Kreditvergabe auf die *Kreditüberwachung* und die *Kreditsanierung*.

---

[45] Vgl. Rudolph, Hofmann, Schaber, u. Schäfer (2007), S. 6.
[46] Vgl. Martin u. a. (2006), S. 111; vgl auch Hartmann-Wendels u. a. (2007), S. 523.
[47] Vgl. Burghof u. a. (2005), S. 7.
[48] Vgl. Hartmann-Wendels u. a. (2007), S. 524.
[49] Vgl. Eller u. Heinrich (2004), S. 37.

Die Kreditüberwachung zielt in erster Linie darauf ab, mögliche Liquiditäts- oder Verhaltensänderungen des Kreditnehmers während der Kreditlaufzeit frühzeitig zu erkennen. Verschlechtert sich die Liquidität des Schuldners während der Kreditlaufzeit, sollte die Bank zusammen mit dem Kreditnehmer Konzepte zur Restrukturierung erarbeiten. Dies führt dann zu der Kreditsanierung.

Ziel der Kreditsanierung ist es, Maßnahmen zu ergreifen, die den „notleidenen" Kredit in ordnungsgemäße Bahnen lenken sollen.[50] Die Maßnahmen reichen von der Stundung der Zinszahlungen über eine Umstrukturierung der Schulden bis hin zu der Umwandlung von Krediten in Beteiligungen.[51] Sollten die Maßnahmen scheitern, steht die Verwertung des Vermögens des Schuldners für die Befriedigung der Restforderungen im Mittelpunkt der Kreditsanierung.

Aufgrund der eingeschränkten Handlungsmöglichkeiten nach der Kreditvergabe handelt es sich bei dem vorgestellten Konzept um ein *passives Kreditrisikomanagement*. Der Trend der Disintermediation, der steigende Wettbewerbsdruck und die regulatorischen Bedingungen führten seit Ende der achtziger Jahre dazu, dass das passive Kreditrisikomanagement den neuen Anforderungen an das Kreditrisikomanagement nicht mehr gerecht wurde. So mussten neu vergebene Kredite höhere Renditen generieren, bestehende Kredite, die unzureichende Gewinnmargen erbrachten, mussten veräußert und die Diskrepanz zwischen ökonomischen und regulatorischen Kapital musste berücksichtigt werden. Dies führte insgesamt zu einer erhöhten Risikokonzentration innerhalb der Kreditportfolios der Banken. Dementsprechend gehören zu den weiteren Aufgaben des Kreditrisikomanagements die Eigenkapitaloptimierung und die aktive Steuerung des Kreditrisikos bzgl. des Kreditportfolios.

Um den veränderten Anforderungen zu begegnen, gingen die Banken von einem passiven zu einem *aktiven Kreditrisikomanagement* über. Dies zeichnet sich dadurch aus, dass Kredite bzw. Kreditrisiken während der Laufzeit gesteuert und an andere Marktteilnehmer weitergereicht werden können. Ermöglicht wurde dies mit sog. *Instrumenten des Kreditrisikotransfers*. Das Spektrum dieser Instrumente hat sich im Zeitablauf stetig erweitert und an Komplexität zugenommen. Die Instrumente des Kreditrisikotransfers sollen nun im folgenden Kapitel thematisiert werden.

---

[50] Vgl. Hartmann-Wendels u. a. (2007), S. 527.
[51] Vgl. Hartmann-Wendels u. a. (2007), S. 528.

3   Instrumente des Kreditrisikotransfers

Die Instrumente des Kreditrisikotransfers lassen sich, wie aus der Abbildung 3 ersichtlich ist, in einer ersten Gliederung in zwei Klassen einteilen. Zum einen in den Bereich der *traditionellen Instrumente* und zum anderen in den Bereich der *moderneren kapitalmarktorientierten Instrumente*.[52] Die traditionellen Instrumente sind im Gegensatz zu den kapitalmarktorientierten Instrumenten nicht am Kapitalmarkt resp. Sekundärmarkt handelbar. Insbesondere die kapitalmarktorientierten Instrumente ermöglichen es, Kredite bzw. Kreditrisiken während ihrer Laufzeit zu verändern und sie an andere Marktteilnehmer weiterzureichen. Somit bilden die kapitalmarktorientierten Instrumente einen wesentlichen Faktor für die Entwicklung eines aktiven Kreditrisikomanagements.[53]

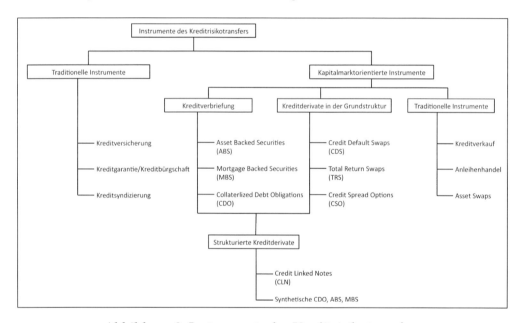

Abbildung 3: Instrumente des Kreditrisikotransfers

Quelle: Eigene Darstellung

In einem weiteren Gliederungsschritt lassen sich die verschiedenen Instrumente nach der Art und Weise des Kreditrisikotransfers unterscheiden. Zum einen lässt sich der gesamte Kredit und somit auch das Kreditrisiko veräußern und zum anderen lässt sich nur das Kreditrisiko eines Kredites transferieren, wobei der Kredit bei dem Kreditgeber verbleibt. Wird der Kredit veräußert, erhält der Verkäufer resp. Risikoverkäufer einen bestimmten Geldbetrag. Der Risikoverkauf ist somit *gedeckt (funded)*. Zu dieser Gruppe zählen bspw. Kreditverkäufe und Asset

---

[52] Vgl. Rudolph u. a. (2007), S. 13.
[53] Vgl. Burghof u. Henke (2000), S. 352.

Backed Securities (i. w. S.), aber auch Credit Linked Notes. Wird lediglich das Kreditrisiko veräußert bedeutet dies aus finanzieller Sicht des Risikoverkäufers meist einen *ungedeckten (unfunded)* Risikotransfer. Dies ist der Fall bei Kreditversicherungen, Kreditgarantien bzw. -bürgschaften, Credit Default Swaps, Total Return Swaps, Credit Spread Options und synthetischen Collaterlized Debt Obligations.[54] Für den Kreditrisikoverkäufer impliziert dies, dass er bei dem Verkauf des Kreditrisikos keine Zahlungen erhält, sondern diese erst bei Eintritt eines bestimmten Ereignisses bspw. der Insolvenz des Kreditnehmers erhält. Es lässt sich des Weiteren eine Unterscheidung treffen, ob das Kreditrisiko bzw. der Kredit eines einzelnen Kreditnehmers oder ein Portfolio von Krediten resp. Kreditrisiken, bestehend aus mehreren Kreditnehmern, transferiert wird.[55] Instrumente, die den Transfer von einem Portfolio von Krediten bzw. Kreditrisiken ermöglichen, sind z. B. Asset Backed Securities oder ein Portfolio, bestehend aus Credit Default Swaps.

Im Folgenden wird auf die verschiedenen Instrumente des Kreditrisikotransfers eingegangen. Den Schwerpunkt in diesem Kapitel bilden jedoch aufgrund ihrer Bedeutung im weiteren Verlauf des Buches die Asset Backed Securities. Die traditionellen Instrumente und der Kreditverkauf, Anleihenhandel sowie die Asset Swaps sollen im nächsten Abschnitt, da ihnen eine geringere Bedeutung im Verlauf des Buches beigemessen wird, nur kurz skizziert werden.

3.1   Traditionelle Instrumente

Zu den traditionellen Instrumenten des Kreditrisikotransfers zählen Kreditversicherungen, Kreditgarantien, Kreditbürgschaften sowie die Kreditsyndizierungen. Aber auch der Kreditverkauf, Anleihenhandel und die Asset Swaps lassen sich, obwohl sie zu den kapitalmarktorientierten Instrumenten zählen, zu den traditionellen Instrumenten zuordnen.

Bei einer *Kreditversicherung* übernimmt der Versicherer das Ausfallrisiko eines zugrunde liegenden Kredits. Ist der Kreditnehmer nicht in der Lage, seinen Zahlungsverpflichtungen nachzukommen, ist der Kreditversicherer in der Verpflichtung für die ausstehenden Zahlungen aufzukommen. Folglich erleidet der Kreditgeber nur einen Verlust, wenn der Kreditnehmer und zusätzlich der Kreditversicherer ausfällt.[56] In der Praxis sind Kreditversicherungen für Banken aufgrund

---

[54] Vgl. Committee on the Global Financial System (2003), S. 5; vgl. auch Burghof u. Henke (2005a), S. 106.
[55] Vgl. Committee on the Global Financial System (2003), S. 5.
[56] Vgl. Becker u. Peppmeier (2006), S. 358.

institutionellen Rahmenbedingungen nur eingeschränkt nutzbar.[57]

Kreditgarantien binden den sog. Garant, für einen bestimmten Erfolg oder für einen Schaden, der durch das Verschulden eines anderen hervorgerufen wurde, einzustehen.[58] Bei einer *Kreditbürgschaft* verpflichtet sich ein Bürge für die Verbindlichkeiten des Kreditnehmers aufzukommen. Wird eine Bürgschaft in Anspruch genommen, gehen die Forderungen des Kreditnehmers auf den Bürgen über. Kreditgarantien und Kreditbürgschaften werden besonders bei Exportgeschäften von Unternehmen mit einem Kreditversicherer abgeschlossen bspw. mit Euler Hermes. Dadurch bieten sie für Banken nur eine indirekte Risikoabsicherung, da sie ohne Kreditversicherung einen Teil des Kreditrisikos mittragen müssten.[59]

Mit Hilfe der *Kreditsyndizierung* ist es für Banken möglich, einen Kredit auf mehrere Kreditgeber zu verteilen. Dadurch ist die Vergabe von großen Krediten möglich, ohne dass Klumpenrisiken entstehen und Krediteinzelobergrenzen überschritten werden. Hierzu bilden mehrere Banken ein Konsortium und stellen den Kreditbetrag gemeinsam zur Verfügung.[60]

Zusammenfassend lässt sich für die dargestellten traditionellen Instrumente festhalten, dass sie in der Lage sind, Kreditrisiken zu reduzieren. Doch die vorgestellten Instrumente unterliegen häufig Beschränkungen, die eine unkomplizierte Nutzung verhindern. Darüber hinaus ist es nicht möglich, die Kredite und somit auch die Kreditrisiken nach der Kreditvergabe effektiv zu steuern. Mit Hilfe von kapitalmarktorientierten Produkten ist dieses aber möglich. Zu den traditionellen Instrumenten des Kapitalmarktes zählen neben dem Kreditverkauf, der Anleihenhandel und der Asset Swap.

Für eine Bank ist es nach der Vergabe eines Kredites möglich, diesen über den Sekundärmarkt an andere Marktteilnehmer weiterzureichen. Bei einem *Kreditverkauf* handelt es sich um einen bilateralen Vertrag zwischen einem Kreditgeber und einem Kreditkäufer, durch den die Zahlungsströme eines Kreditnehmers an den Kreditkäufer übertragen werden.[61] Der Kredit kann dabei entweder vollständig oder anteilig verkauft werden. Eine Bank kann so eine Anpassung ihres Kredit-

---

[57] Vgl. Burghof u. Henke (2005a), S. 107.
[58] Vgl. Becker u. Peppmeier (2006), S. 359.
[59] Vgl. Burghof u. Henke (2005a), S. 108.
[60] Vgl. Rudolph u. a. (2007), S. 14.
[61] Vgl. Becker u. Peppmeier (2006), S. 360.

portfolios vornehmen.[62] Die Problematik, die sich aus einem Kreditverkauf ergibt, entsteht dadurch, dass der Kreditnehmer, falls dieses vertraglich vereinbart wurde, die Zustimmung zu einem Verkauf geben muss. Dadurch kann es zu einer Beeinträchtigung des Kunde-Bank-Verhältnisses kommen.[63]

Handelt es sich bei einem Kredit um eine Anleihe, ist deren Verkauf am Sekundärmarkt möglich. Voraussetzung für den *Anleihenhandel* ist ein entsprechend liquider Markt. In den USA ist dieser Markt besonders stark ausgeprägt. In anderen Ländern hingegen spielen Anleihen eine untergeordnete Rolle. Dadurch ist der Kreditrisikotransfer auf eine bestimmte Gruppe von Kreditnehmern limitiert.[64] Ein weiteres Problem besteht darin, dass die Absicherung nur in der Form des Kreditverkaufs erfolgt.[65]

Bei einem *Asset Swap* resp. *Asset Swap-Paket* handelt es sich um die Kombination einer kreditrisikobehafteten festverzinslichen Anleihe (Asset) und einem Zinsswap, der die festen Zinszahlungen der Anleihe in variable Zinszahlungen tauscht (Swap).[66] Die Zinszahlungen setzen sich aus einem risikolosen variablen Zins, bspw. LIBOR, und dem sog. *Asset Swap Spread* zusammen.[67] Der Asset Swap Spread wird dabei so gewählt, dass der Wert des gesamten Pakets dem Nominalwert der Anleihe entspricht.[68] Mit Hilfe eines Asset Swap-Pakets ist es möglich, dass Zinsrisiko einer Anleihe zu eliminieren.[69] Dies hat zur Folge, dass bei der Anleihe lediglich das Kreditrisiko verbleibt. Somit lassen sich mit einem Asset Swap-Paket Kreditrisiken von Anleihen isoliert handeln.[70] Da aber der Anleihenmarkt nur für bestimmte Kreditnehmergruppen existiert, ist der Handel des Kreditrisikos auf diese beschränkt.

Für eine effektive Steuerung der Kreditrisiken bzw. Kredite sind die traditionellen Instrumente nur bedingt geeignet. Dies haben die einzelnen Kritikpunkte aufgezeigt. Die Instrumente im nächsten Abschnitt, in Form von Asset Backed Securities, ermöglichen hingegen die Steuerung des Kreditportfolios auf eine effiziente Weise. Darüber hinaus dient deren Konzeption strukturierten Kreditderivate als Ausgangsbasis.

---

[62] Vgl. Rudolph u. a. (2007), S. 18.
[63] Vgl. Burghof u. Henke (2005a), S. 113.
[64] Vgl. Burghof u. Henke (2005a), S. 114.
[65] Vgl. Becker u. Peppmeier (2006), S. 360.
[66] Vgl. Schönbucher (2003), S. 12.
[67] Vgl. Meissner (2005), S. 28.
[68] Vgl. Schönbucher (2003), S. 12; vgl. auch Rudolph u. a. (2007), S. 62.
[69] Vgl. Burghof u. Henke (2005a), S. 115; vgl. auch Meissner (2005), S. 28.
[70] Vgl. Burghof u. Henke (2005a), S. 115.

3.2 Asset Backed Securities

Asset Backed Securities (ABS) sind ein wichtiges Instrument des Kreditrisikotransfers für ein aktives Kreditrisikomanagement von Banken. Es handelt sich bei ABS i. w. S. um durch Vermögen (Asset) gesicherte (Backed) Wertpapiere (Securities). Mit Hilfe von ABS besteht für Banken die Möglichkeit, illiquide Cashflow- resp. Zahlungsströme generierende Forderungen oder Kredite in handelbare Wertpapiere umzuwandeln.[71] Ein solcher Transformationsprozess wird als *Verbriefung* bzw. *Securitization* bezeichnet. Der Ablauf einer solchen Transaktion besteht aus mehreren Schritten. Zuerst bildet eine Bank aus Cash Flow generierenden Krediten ein Portfolio, welches auch als Underlying bezeichnet wird. Dann wird dieses Portfolio regresslos an eine Zweckgesellschaft, die eigens für die Transaktion gegründet wurde, verkauft. Die Zweckgesellschaft finanziert den Kauf des Kreditportfolios durch die Emission von Anleihen. Die Anleihen, welche wiederum durch das Kreditportfolio besichert sind, werden als Asset Backed Securities bezeichnet.[72] Die Bedienung der ABS erfolgt mit Hilfe der Zahlungsströme der angekauften Forderungen durch die Zweckgesellschaft.[73]

Die ersten Verbriefungen dieser Art wurden in den siebziger Jahren in den USA auf Basis von Hypothekenkrediten durchgeführt. Diese Form von ABS wird auch als *Mortgage Backed Securities* (MBS) bezeichnet, da es sich bei den verbrieften Forderungen um Hypothekenkredite handelt. Als Emittenten traten damals die US-Hypothekenfinanzierer *Fannie Mae* (Federal National Mortgage Association), *Freddie Mac* (Federal Home Loan Mortgage Corporation) und *Ginnie Mae* (Government National Mortgage Association) auf.[74] Die drei auf staatliche Initiative gegründeten Hypothekenfinanzierer kauften damals Hypothekenkredite von anderen Banken und gaben diese in verbriefter Form als MBS an andere Marktteilnehmer weiter. Dies führte zu einer Schaffung eines Sekundärmarktes für Hypothekenkredite. [75]

Somit bildeten die MBS den Ausgangspunkt für die Entwicklung von Verbriefungen. Seit Ende der achtziger Jahre kam es zu einem starken Wachstum von ABS-Transaktionen. Mit Hilfe von ABS konnten Banken insbes. vor dem Hintergrund von Basel I ihre bestehenden Kreditportfolios an die neuen Anforderungen

---

[71] Vgl. Braun (2005), S. 63.
[72] Vgl. Braun (2005), S. 63.
[73] Vgl. Dorendorf (2005), S. 63.
[74] Auf eine Erläuterung der drei Hypothenkenfinanzierer wird an dieser Stelle verzichtet. Diese sind Gegenstand des fünften Kapitels.
[75] Vgl. Order (2000), S. 28.

anpassen.[76] Im Laufe der Zeit wurden neben Hypothekenkredite weitere Arten von Forderungen verbrieft. Dies führt dazu, dass ABS hinsichtlich ihrer zugrunde liegenden Forderungen klassifiziert werden können.

Handelt es sich bei den Forderungen bspw. um Automobilkredite, Kreditkartenforderungen, Studentenkredite, Konsumentenkredite etc., werden diese zu der Kategorie der *ABS i. e. S.* zugeordnet. Handelt es sich bei dem Underlying um Hypothekenkredite, zählen diese zu der Klasse der bereits erwähnten MBS. Die Klasse der MBS lässt sich des Weiteren in die Unterkategorien *Residential Mortgage Backed Securities* (RMBS) und *Commercial Mortgage Backed Securities* (CMBS) differenzieren. Bei RMBS handelt es sich bei den zugrunde liegenden Forderungen um Hypothekenkredite, die für privat genutzte Immobilen bestimmt sind. Beziehen sich die zugrunde liegenden Forderungen auf Hypothekenkredite für gewerblich genutzte Immobilien, bezeichnet man diese als CMBS. Die letzte Klasse bilden die sog. *Collaterlized Debt Obligations* (CDO). Diese können durch ein Portfolio unterschiedlicher Forderungen besichert sein. In der Regel bestehen die Forderungen entweder aus Unternehmenskrediten oder aus Unternehmensanleihen. In dem ersten Fall werden die CDO als *Collaterlized Loan Obligations* (CLO) bezeichnet, bestehen die Forderungen hingegen größtenteils aus Anleihen, werden die CDO als *Collaterlized Bond Obligations* (CBO) bezeichnet.[77] Der Begriff CDO wird teilweise auch als Oberbegriff verwendet, wenn das Underlying aus einer Mischung von Anleihen, Krediten und anderen Forderungen besteht.[78] So kann es sein, dass als Underlying bspw. ABS, MBS oder CDO verwendet werden.[79]

Hinsichtlich der Anzahl der zu verbriefenden Forderungen unterscheiden sich die einzelnen Gruppen der ABS. Während bei ABS und MBS das zu verbriefende Kreditportfolio eine große Anzahl an einzelnen homogen Krediten mit einem niedrigen Volumen enthält, besteht das Portfolio bei CDO meist aus wenigen aber dafür volumenmäßig großen und heterogenen Krediten.[80]

Mit Hilfe einer ABS-Transaktion können Banken verschiedene Zielsetzungen realisieren. So lassen sich mittels einer ABS-Transaktion eine *Vielzahl* von Krediten, die aufgrund der regulatorischen Eigenkapitalanforderungen geringe Gewinnmargen generieren, verkaufen. Das freigesetzte Kapital kann dann bspw. für Kre-

---

[76] Vgl. Deutsche Bundesbank (1997), S. 59.
[77] Vgl. Dorendorf (2005), S. 63.
[78] Vgl. Zahn u. Lemke (2003), S. 37.
[79] Vgl. Braun (2005), S. 67; vgl. auch Dorendorf (2005), S. 63.
[80] Vgl. Burghof u. Henke (2000), S. 360.

dite mit höheren Gewinnmargen verwendet werden (regulatorische Kapitalarbitrage).[81] Außerdem kann eine Bank durch den An- bzw. Verkauf von ABS ihr bestehendes Kreditportfolio besser diversifizieren und dadurch Klumpenrisiken vermeiden.[82] Des Weiteren sind Banken in der Lage durch den Verkauf von Krediten ihre Eigenkapitalquote erhöhen, da ihnen durch den Verkauf liquide Mittel zufließen.[83] Darüber hinaus können sich Banken mit Hilfe von ABS günstiger refinanzieren, da ein Großteil der ABS mit einem AAA-Rating ausgestattet ist, obwohl das Rating der Bank schlechter ist.[84] Mit Hilfe von CDO lassen sich neben diesen Zielen auch Arbitragegewinne, wie sich im Verlauf dieses Abschnitts zeigen wird, erzielen.

3.2.1 Aufbau einer ABS-Transaktion

Der allgemeine Ablauf von ABS-Transaktionen verläuft i. d. R. nach demselben Grundprinzip. Die einzelnen Schritte einer ABS-Transaktion werden in der Abbildung 4 dargestellt.

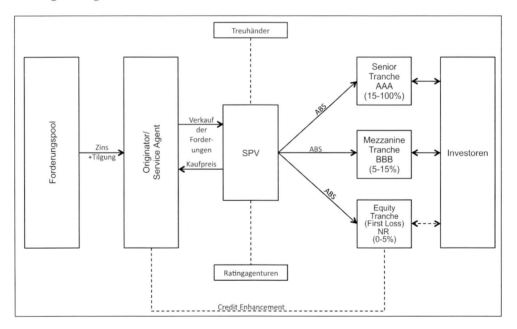

Abbildung 4: Grundprinzip von Asset Backed Securities

Quelle: Eigene Darstellung

In dem ersten Schritt stellt die Bank, die in diesem Zusammenhang als *Originator* bezeichnet wird, ein Portfolio aus Cash Flow generierenden Krediten zusammen.

---

[81] Vgl. Burghof u. Henke (2000), S. 362.
[82] Vgl. Becker u. Peppmeier (2006), S. 213.
[83] Vgl. Deutsche Bundesbank (1997), S. 58.
[84] Vgl. Hartmann-Wendels (2008), S. 690.

Ziel des Originators ist es, wie bereits erwähnt wurde, diesen Forderungspool regresslos an eine eigens für die Transaktion gegründete *Zweckgesellschaft* zu verkaufen. Die Zweckgesellschaft wird auch als *Special Purpose Vehicle* (SPV) oder *Special Purpose Entities* (SPE) bezeichnet. Deren einzige Aufgabe darin besteht, die Forderungen des Originators zu kaufen und den Ankauf der Forderungen durch die Emission von ABS zu finanzieren. Es ist dabei wichtig, dass die Zweckgesellschaft so konstruiert ist, dass es sich dabei um eine rechtlich selbständige Einheit handelt. Dadurch soll sichergestellt werden, dass bei einer möglichen Insolvenz des Originators die angekauften Forderungen der Zweckgesellschaft nicht zu dessen Insolvenzmasse zugerechnet werden können. Aus diesem Grund handelt es sich bei dem Verkauf um einen sog. *True Sale*. Dadurch ist gewährleistet, dass die Forderungen uneingeschränkt der Bedienung der Ansprüche den Inhabern der ABS zur Verfügung stehen.[85]

Aus steuerlichen Gesichtspunkten wird die Zweckgesellschaft meist auf sog. *Offshore-Finanzplätzen* (Steueroasen) wie bspw. den Cayman Inseln oder Bahamas gegründet.[86] Des Weiteren handelt es sich bei der Zweckgesellschaft um eine Kapitalgesellschaft, deren Eigentümer in den meisten Fällen eine Stiftung ist. Dadurch ist die Zweckgesellschaft von der Unternehmensbesteuerung befreit und unterliegt nicht der Bankenaufsicht.[87] Ein weiterer Vorteil dieser Konstruktion ist die Tatsache, dass das Eigenkapital der Zweckgesellschaft mit ca. 1000 US-Dollar äußerst gering ist.[88]

Da die Zweckgesellschaft i. d. R. nicht über eigenes Personal verfügt, sind weitere Parteien in eine ABS-Transaktion involviert. Ein *Service Agent* resp. *Servicer* übernimmt die Verwaltung der angekauften Forderungen. In dessen Aufgabenbereich fallen somit bspw. die Kreditüberwachung, das Mahnwesen und die Weiterleitung der Zahlungsströme an die ABS-Investoren.[89] In den meisten Fällen übernimmt der Originator die Aufgaben des Servicer und erhält dafür eine entsprechende Gebühr.[90] Dadurch ist sichergestellt, dass die ursprüngliche Kreditbeziehung bestehen bleibt.[91] Der *Treuhänder* resp. *Trustee*, i. d. R. eine Wirtschaftsprüfungsgesellschaft, überwacht im Namen der ABS-Investoren die Geschäftstätigkeit der Zweckgesellschaft und die ordnungsgemäße Weiterleitung der Cash-

---

[85] Vgl. Rudolph u. a. (2007), S. 44.
[86] Vgl. Tavakoli (2003), S. 55.
[87] Vgl. Rudolph u. a. (2007), S. 44.
[88] Vgl. Tavakoli (2003), S. 60.
[89] Vgl. Rudolph u. a. (2007), S. 42.
[90] Vgl. Herrmann (2005), S. 92.
[91] Vgl. Braun (2005), S. 64.

flows an die Anleiheinhaber.[92]

Die Weiterleitung der Zahlungsströme an die ABS-Investoren kann auf zwei verschiedenen Varianten erfolgen. Bei der *Pass-Through Variante* werden die Zahlungsströme des angekauften Forderungspools unverändert an die ABS-Investoren weitergeleitet. Diese Variante ähnelt einem Fondskonzept. Die Investoren besitzen Miteigentumspapiere, die einen prozentualen Anteil der angekauften Forderungen verbriefen.[93] Bei einer solchen Variante sind die Investoren direkt von Zahlungsverzögerungen, Zahlungsausfällen und der vorzeitigen Tilgung (Prepayment Risk) in Höhe ihres verbrieften Anteils betroffen.[94] Von dem sog. *Prepayment Risk* sind insb. MBS auf Grundlage von US-Hypotheken tangiert. In den USA ist es möglich, dass Hypothekenschuldner bei einem Zinsrückgang einen neuen Kredit zu günstigeren Konditionen aufnehmen und den alten vorzeitig tilgen.[95] Dadurch kann sich die ursprüngliche Laufzeit der ABS erheblich verkürzen.

Bei der *Pay-Through Variante* werden die eingehenden Zins- und Tilgungszahlungen nicht direkt durchgeleitet, sondern gemanagt. Dadurch ist es möglich, dass die Zweckgesellschaft verschiedene Tranchen von ABS emittiert, die sich hinsichtlich ihres Risikogehaltes oder ihrer Terminierung unterscheiden.[96] Die Tranchen differenzieren sich des Weiteren nach der Rangstellung, in der die Ansprüche der ABS-Investoren befriedigt werden. Diese Form der Weiterleitung der Zahlungsströme ist bei einer ABS-Emission die gängigste Variante und ist in Abbildung 4 dargestellt.

Die Emission der ABS kann durch eine private oder öffentliche Platzierung am Markt erfolgen. In diesem Zusammenhang spielen *Ratingagenturen*, die von dem Originator beauftragt werden, eine sehr wichtige Rolle. Besonders bei einer öffentlichen Platzierung ist ein Rating der ABS eine unabdingbare Voraussetzung für eine erfolgreiche Emission der ABS. Die Ratingagenturen analysieren dabei nicht die Bonität des Originators, sondern die Qualität des Forderungspools.

Für das Rating werden den Agenturen anonymisierte Daten von den Schuldnern aus dem Forderungspool zur Verfügung gestellt.[97] Auf Grundlage der Daten ana-

---

[92] Vgl. Herrmann (2005), S. 91.
[93] Vgl. Braun (2005), S. 74.
[94] Vgl. Haßkerl u. Koch (2003), S. 177.
[95] Vgl. Rudolph u. a. (2007), S. 38.
[96] Vgl. Rudolph u. a. (2007), S. 45.
[97] Vgl. Haßkerl u. Koch (2003), S. 178.

lysieren die Ratingagenturen die Qualität des Forderungspools. Von besonderer Bedeutung sind dabei die historischen Ausfallraten der Kreditnehmergruppen des Forderungspools. Die entsprechenden Datensätze für die historischen Ausfallraten sollten mindestens einen Zeitraum der letzten fünf bis zehn Jahre umfassen, um eine ausreichende Aussagekraft zu gewährleisten.[98] Anhand der anonymisierten Daten überprüfen die Ratingagenturen außerdem die Korrelation der Schuldner zueinander. Besonders wichtig ist dies bei CDO-Transaktionen, da deren zugrunde liegender Forderungspool meist aus wenigen volumenmäßig großen Krediten besteht. Eine hohe Korrelation zwischen den Schuldnern könnte bspw. während eines konjunkturellen Abschwungs zu hohen Ausfallraten und damit zu hohen Verlusten führen.[99] Auf Grundlage der Analyse setzen die Ratingagenturen ein Rating für die ABS fest. Für den Erfolg der ABS-Transaktion ist es wichtig, dass ein Großteil der emittierten ABS mit einem hohen Rating ausgestattet ist. Denn für den Anleger stellt das Ratingurteil ein externes Gütesiegel für die Qualität der ABS dar.[100] Um ein hohes Rating zu erreichen, existieren eine Reihe von Möglichkeiten für den Originator das Rating und somit die Absetzbarkeit von ABS zu verbessern.

3.2.2 Credit Enhancements

Die Möglichkeiten, die dem Originator für eine Ratingverbesserung bzw. Kreditverbesserung zur Verfügung stehen, werden als *Credit Enhancements* bezeichnet. Neben der Ratingverbesserung besteht das Ziel dieser Maßnahmen darin, das Vertrauen der Anleger in die ABS zu erhöhen. Eine Möglichkeit des Credit Enhancements ist die Aufteilung der ABS-Transaktion in mehrere Tranchen. Hierbei werden die Zahlungsströme nach dem bereits angesprochenen Pay-Through Prinzip weitergeleitet. Der Vorgang der Tranchierung soll im Folgenden näher erläutert werden.

Bei einer Pay-Through Struktur gliedert sich die Emission von ABS üblicherweise in drei Tranchen mit unterschiedlicher Risikoqualität und unterschiedlichen Ratings. Die oberste Tranche wird als *Senior Tranche* bezeichnet und trägt das geringste Risiko und besitzt in den meisten Fällen ein AAA-Rating. Die mittlere Tranche bezeichnet man als *Mezzanine Tranche*. Diese verfügt i. d. R. über ein mittleres Rating bspw. BBB. Die unterste Tranche wird als *Equity* oder *First Loss Tranche* bezeichnet und trägt das höchste Risiko. In den meisten Fällen verfügt diese Tranche über kein Rating. Den unterschiedlichen Tranchen wird jeweils ein

---

[98] Vgl. Lerbinger (1987), S. 312.
[99] Vgl. Herrmann (2005), S. 98 f.
[100] Vgl. Becker u. Peppmeier (2006), S. 214.

prozentualer Anteil des Forderungspools zugeschrieben. Dies bedeutet, dass kein bestimmter Schuldner einer bestimmten Tranche zugeordnet wird, sondern dass sich jeder Schuldner gedanklich in allen Tranchen befindet.[101] Die Bedienung der ABS durch die Zahlungsströme der angekauften Forderungen verläuft nach dem sog. *Wasserfall-* bzw. *Subordinationsprinzip*. Die Zahlungsströme werden so verteilt, dass die oberste Tranche zuerst bedient wird, danach folgen die Mezzanine und Equity Tranche. Sollten Kredite aus dem Forderungspool also vorzeitig getilgt werden oder ausfallen, werden die restlichen Zahlungsströme zuerst an die Investoren der Senior Tranche weitergeleitet. Die nachrangigen Tranchen werden dann gemäß ihrer Rangfolge bedient. Dies hat zur Folge, dass die Equity Tranche die ersten Verluste zu tragen hat und somit das höchste Risiko beinhaltet. Die Investoren der Senior Tranche sind erst von Verlusten betroffen, wenn die nachrangigen Tranchen bereits ausgefallen sind. Die folgende Abbildung 5 soll diesen Sachverhalt verdeutlichen.

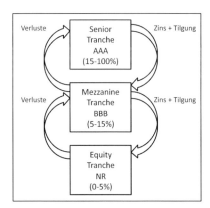

Abbildung 5: Wasserfall- bzw. Subordinationsprinzip

Quelle: Eigene Darstellung

Mit Hilfe der Tranchierung lässt sich erreichen, dass der Großteil der ABS-Emission über ein AAA-Rating verfügt. Denn der Umfang der Equity Tranche wird von dem Originator so festgelegt, dass sie mind. den erwarteten Verlusten bzw. den historischen Ausfallraten des zugrunde liegenden Forderungspools entspricht.[102] Die Equity Tranche trägt die ersten 5% des Verlustes des Forderungspools, die dabei den erwarteten Verlusten entsprechen.[103] Die nächsten 10% Verlust trägt die Mezzanine Tranche. Dies bedeutet für die Senior Tranche, dass 15% des Forderungspools ausfallen müssen, bevor diese Tranche Verluste erleidet. Da eine

---

[101]Vgl. Aberer u. Gruber (2007), S. 16.

[102]Vgl. Rudolph u. a. (2007), S. 46.

[103]Die Untergrenze einer Tranche wird als *Attachment Point* und die Obergrenze als *Detachment Point* bezeichnet. Subtrahiert man von dem Detachment Point den Attachment Point, ergibt dies die Tranchendicke bzw. den Umfang der Tranche.

Ausfallrate von 15% sehr unwahrscheinlich ist, erhält diese Tranche mit einem Umfang von 85% des Forderungspools das höchste Rating.

Aufgrund des unterschiedlichen Risikogehalts der Tranchen variieren die Zinszahlungen, die die ABS-Investoren erhalten. Die Zinszahlungen setzen sich meist aus einen variablen risikolosen Zinssatz bspw. LIBOR und einer Risikoprämie zusammen. Die Investoren der Senior Tranche erhalten z. B. LIBOR + 60bp, hingegen erhalten Investoren einer Tranche mit BBB-Rating bereits LIBOR + 200bp.[104] Dadurch können Investoren anhand ihrer Risikopräferenzen entscheiden, in welche Tranche sie investieren. Eine besondere Rolle nimmt dabei die Equity Tranche ein. Diese wird oftmals von dem Originator zurückbehalten und soll dem Anleger als Vertrauensbeweis dienen. Denn der Anleger hat keine genauen Kenntnisse über den zugrunde liegenden Forderungspool. Es handelt sich somit um eine *asymmtrische Informationsverteilung* zwischen Originator und ABS-Investor. Außerdem lässt sich durch die Einbehaltung der Equity Tranche die *Moral-Hazard-Problematik* zwischen dem Originator und Investor mildern. Diese Problematik entsteht dadurch, dass der Anleger annehmen könnte, dass es sich bei dem verkauften Forderungspool um Kredite minderer Qualität handelt, die der Originator aufgrund dessen nicht mehr in seinem Kreditportfolio halten möchte. Außerdem könnte der Anleger denken, dass der Originator durch den Verkauf der Kredite seinen Pflichten bei der Kreditüberwachung nicht mehr ausreichend nachkommt. Durch die Einbehaltung der Equity Tranche und somit der riskantesten Position hat der Originator ebenfalls ein Interesse daran, die Ausfälle so gering wie möglich zu halten. Die Einbehaltung der Equity Tranche dient auch als Credit Enhancement, da der Originator mind. die erwarteten Verluste trägt. Dadurch erhalten die übrigen Tranchen ein besseres Rating. Es ist aber auch möglich, die Equity Tranche an Investoren weiterzureichen. Oftmals treten Hedgefonds als Käufer dieser Tranche auf, da die Zinszahlungen aus den ABS sehr hoch sind (bspw. LIBOR + 700bp).[105] Um das Vertrauen der Anleger und das Rating zu erhöhen, stehen dem Originator aber noch weitere Möglichkeiten der Ratingverbesserungen zur Verfügung.

Ein weiteres Mittel der Ratingverbesserung ist die *Übersicherung* bzw. *Overcollateralisation*. Hierbei wird nur ein Teil der angekauften Forderungen, in Form einer ABS-Transaktion, an die Investoren weitergereicht. Der Rest dient als Sicherheit für mögliche Zahlungsausfälle.[106] Eine weitere Möglichkeit besteht in der

---

[104]Vgl. Rudolph u. a. (2007), S. 51.
[105]Vgl. Aberer u. Gruber (2007), S. 18.
[106]Vgl. Haßkerl u. Koch (2003), S. 178.

Einrichtung eines *Reservekontos*, auf das dann die Differenz zwischen den Zahlungsströmen der angekauften Forderungen und den Zinszahlungen an die ABS-Investoren eingezahlt wird. Mit Hilfe des Reservekontos lassen sich somit, mögliche Cashflow-Differenzen ausgleichen.[107] Eine Verbesserung des Ratings lässt sich auch mit einer *externen Besicherung* erreichen. In vielen Fällen wird dabei auf *Anleihenversicherer* insbes. *Monoliner*[108] zurückgegriffen. Monoliner garantieren gegen eine entsprechende Gebühr seitens des Emittenten die ordnungsgemäße Rückzahlung der Zins- und Tilgungszahlungen der Anleihen. Damit ein Großteil der ABS-Emission mit einem AAA-Rating ausgestattet werden kann, muss der Monoliner selbst mit diesem Rating ausgestattet sein. Denn eine Garantie kann nur so gut sein wie die Bonität des Versicherers selbst.[109] Dadurch erhält die emittierte Anleihe ein sog. *Schattenrating*, da das Rating nicht von dem Forderungspool abhängig ist, sondern von dem Rating des Monoliners.

Zusammenfassend lässt sich für die Credit Enhancements festhalten, dass sie maßgeblich für den Erfolg einer ABS-Emission verantwortlich sind. Denn eine ABS-Transaktionen ohne Credit Enhancements wird nicht als marktfähig angesehen.[110]

3.2.3 Variationen von Asset Backed Securities

Im Folgenden wird auf die Ausgestaltungsmöglichkeiten von CDO näher eingegangen, da sie einige Besonderheiten gegenüber den ABS i. e. S. und MBS aufweisen. Während bei ABS und MBS der Verkauf von Forderungen im Vordergrund steht, kann mit einer CDO-Konstruktion ein weiteres Ziel erreicht werden. Mit Hilfe von CDO lassen sich Arbitragegewinne erzielen. Dies führt dazu, dass sich die CDO hinsichtlich ihrer ökonomischen Ziele unterscheiden lassen können. Zum einen existieren *Balance-Sheet-CDO* und zum anderen *Arbitrage-CDO*.

Balance-Sheet-CDO-Transaktionen dienen, wie ABS und MBS, dem Bilanzmanagement, bspw. sollen Kredite oder Anleihen, die sich im Besitz der Bank befinden und die aufgrund der regulatorischen Eigenkapitalunterlegung zu niedrige Gewinnmargen generieren, veräußert werden. Dadurch erhält die Bank bzw. Originator zusätzliche Liquidität, die anderweitig genutzt werden kann.[111] Bei dem

---

[107]Vgl. Rudolph u. a. (2007), S. 46.

[108]Der Begriff Monoliner lässt sich darauf zurückführen, dass in den siebziger Jahren ihre einzige Aufgabe darin bestand, Kommunalanleihen in den USA zu versichern. Inzwischen versichern Monoliner alle Arten von Anleihen.

[109]Vgl. Bund (2000), S. 200.

[110]Vgl. Burghof u. Henke (2000), S. 361; vgl. auch Rudolph u. a. (2007), S. 45.

[111]Vgl. Zahn u. Lemke (2003), S. 38.

zugrunde liegenden Forderungspool handelt es sich um Forderungen mit Investmentqualität (AAA bis BBB-).[112] Dies soll sicherstellen, dass die CDO-Emission erfolgreich ist.

Arbitrage-CDO-Transaktionen werden auf die Initiative von Asset Managern, Versicherungen, Banken oder anderen institutionellen Investoren begeben.[113] Denn bei Arbitrage-CDO stehen im Gegensatz zu Balance-Sheet CDO und anderen ABS die Wünsche der Investoren im Mittelpunkt der Transaktion.[114] Ein zentraler Unterschied zu anderen ABS-Transaktionen ist, dass es keinen zentralen Forderungsverkäufer resp. Originator gibt; an dessen Stelle tritt der sog. Collateral-Manager. Dieser stellt einen Forderungspool[115] zusammen aus Forderungen minderer Qualität (BB+ oder schlechter), die eigens für die Transaktion gekauft wurden.[116] Mit Hilfe der Tranchierung werden die Forderungen zu CDO-Anleihen mit Investmentqualität. Dadurch lassen sich durch die Zinsdifferenz zwischen Forderungen mit und ohne Investmentqualität Arbitragegewinne erzielen.[117] Des Weiteren ermöglicht die CDO-Struktur Investoren, die aufgrund rechtlicher Bestimmungen nicht direkt in Anleihen unterhalb Investmentqualität investieren dürfen, die indirekte Anlage in diese Anleihen.[118]

Eine Sonderform von ABS i. w. S., die bisher noch nicht angesprochen wurde, sind die *Asset Backed Commercial Paper* (ABCP). Der Unterschied zwischen ABS und ABCP besteht in der Laufzeit der emittierten ABS-Anleihen. Die bisher vorgestellten ABS haben üblicherweise eine Laufzeit von mind. zwei Jahren, ABCP haben dagegen ein Laufzeit von max. einem Jahr.[119] Durch die kürzere Laufzeit der ABS-Anleihen weist eine ABCP-Transaktion einige Besonderheiten auf. Bei einer ABCP-Transaktion erwirbt eine Zweckgesellschaft, die in diesem Zusammenhang als *Conduit* oder *Structured Investment Vehicle* (SIV) bezeichnet wird, längerfristige Forderungen und refinanziert diese mit kurzlaufenden Commercial Paper (CP).[120] Des Weiteren werden die Rückzahlungen der längerfristigen

---

[112]Vgl. Bund (2000), S. 196.
[113]Vgl. Smithson (2003), S. 234.
[114]Vgl. Bund (2000), S. 197.
[115]Arbitrage-CDO lassen sich des Weiteren differenzieren in *Cash-Flow CDO* und *Market-Value CDO*. Bei Cash-Flow CDO wird der Forderungspool während der Laufzeit der CDO nicht verändert. Bei Market-Value-CDO wird der Forderungspool hingegen während der Laufzeit aktiv gesteuert. Market-Value-CDO spielen aber im Gegensatz zu Cash-Flow-CDO eine untergeordnete Rolle. Das Ziel ist aber bei beiden Strukturen gleich, aus diesem Grund wird auf eine Unterscheidung verzichtet.
[116]Vgl. Zahn u. Lemke (2003), S. 39.
[117]Vgl. Herrmann (2005), S. 89.
[118]Vgl. Zahn u. Lemke (2003), S. 39.
[119]Vgl. Braun (2005), S. 73.
[120]Vgl. Hartmann-Wendels (2008), S. 691.

Forderungen für den Erwerb neuer Forderungen genutzt und fällige, ausstehende CP werden durch die Emission neuer CP bedient.[121] Das Ziel dieser Transaktion besteht darin, Gewinne aus der Zinsdifferenz durch die Fristentransformation zu generieren.[122] Um den Erfolg einer ABCP-Transaktion zu gewährleisten, müssen die CP mit einem sehr guten Rating ausgestattet sein. Aus diesem Grund werden nur langfristige Forderungen höchster Qualität angekauft. Dabei kann es sich bspw. um Senior-Tranchen anderer ABS-Transaktionen handeln. Außerdem stellt die Bank, die hinter dieser ABCP-Transaktion steht, der Zweckgesellschaft *Kreditlinien* resp. *Liquiditätsfazilitäten* zur Verfügung. Dadurch soll sichergestellt werden, dass die Zweckgesellschaft im Falle eines möglichen Liquiditätsengpasses, zahlungsfähig bleibt. Ein solcher Liquiditätsengpass könnte eintreten, wenn es der Zweckgesellschaft nicht mehr möglich ist, neue CP am Markt zu platzieren oder die angekauften Forderungen zu verkaufen.[123] Außerdem werden Kreditlinien für die Vergabe eines sehr guten Ratings von den Ratingagenturen gefordert. Der Vorteil für Banken ist der, dass die Liquiditätsfazilitäten nach Basel I nicht mit Eigenkapital unterlegt werden müssen.[124] Des Weiteren muss die Bank bei sog. *Trigger Events* gewisse Verpflichtungen gegenüber der Zweckgesellschaft übernehmen. Sollte bspw. das Rating der angekauften Forderungen unter einen bestimmten Wert fallen, verpflichtet sich die Bank, die Forderungen über dem aktuellen Marktpreis von der Zweckgesellschaft zu kaufen.[125]

3.2.4   Vor- und Nachteile von Asset Backed Securities

Für Banken bieten ABS eine Reihe von Vorteilen. In erster Linie können Banken mit Hilfe von ABS ihr bestehendes Kreditportfolio aktiv managen. Besonders vor dem Hintergrund von Basel I ist dies von hoher Bedeutung. Denn die Emission von ABS ermöglicht eine Reduzierung der regulatorischen Eigenkapitalunterlegung. Außerdem können Banken durch den An- und Verkauf von ABS ihr Kreditportfolio besser diversifizieren und Klumpenrisiken vermeiden. Ein weiterer Vorteil besteht darin, dass Banken sich zu günstigen Konditionen refinanzieren können, da ein Großteil der ABS-Emission mit einem AAA-Rating ausgestattet ist. Ferner können mit CDO Arbitragegewinne realisiert werden. Außerdem lassen sich mit einer ABS-Emission eine Vielzahl von Krediten veräußern. Mit Hilfe von ABS lassen sich des Weiteren neue Investorenkreise erschließen, da sich die

---

[121]Vgl. Braun (2005), S. 73.
[122]Vgl. Hartmann-Wendels (2008), S. 691.
[123]Vgl. Aberer u. Gruber (2007), S. 17.
[124]Vgl. Sanio (2008), S. 17.
[125]Vgl. Aberer u. Gruber (2007), S. 17.

ABS individuell an die Bedürfnisse der Investoren anpassen lassen. Für Investoren in ABS ist ein weiterer Vorteil, dass sie im Vergleich zu klassischen Anleihen mit gleichem Rating, einen höheren Zins bekommen. Außerdem können die Investoren in verschiedene Tranchen investieren, die aufgrund des unterschiedlichen Risikogehalts verschiedene Zinszahlungen bieten.

Eine ABS-Emission ist aber auch mit einigen Nachteilen verbunden. Aufgrund der Komplexität und des Aufwands ist eine ABS-Transaktion mit hohen anfänglichen Kosten verbunden. Aus diesem Grund sollte eine ABS-Emission mind. ein Volumen von ca. 30 Mio. Euro besitzen.[126] Ein weiterer wichtiger Punkt ist, dass das Kreditrisiko in den meisten Fällen bei der Bank verbleibt. Dies lässt sich mit der Einbehaltung der Equity Tranche begründen. Denn diese Tranche entspricht i. d. R. den erwarteten Ausfallraten. Somit erreicht eine Bank nur eine Reduzierung der Eigenkapitalunterlegung; das Kreditrisiko des Kreditportfolios bleibt hingegen unverändert. Da es sich um einen Verkauf von Krediten handelt, ist eventuell die Zustimmung der Schuldner notwendig. Für Investoren ist von Bedeutung, sich über die Zusammensetzung der ABS-Konstruktion sehr genau zu informieren, denn diese kann teilweise sehr komplex sein. Dies ist insbes. der Fall, wenn der angekaufte Forderungspool wiederum aus ABS i. w. S. besteht. Außerdem sollte sich ein Investor, der in die unteren Tranchen investiert, über die Risiken bewusst sein. Denn die unteren Tranchen haben meist einen hohen *Leverage* bzw. eine hohe *Hebelwirkung*. Bereits wenige Ausfälle aus dem Forderungspool, können zu einem kompletten Verlust des Investments führen.

Abschließend lässt sich festhalten, dass Asset Backed Securities ein wichtiges Instrument des aktiven Kreditrisikomanagements darstellen. ABS ermöglichen Banken eine effektive Steuerung ihres Kreditportfolios. Nachteilig ist dabei, dass dafür der Verkauf von Krediten notwendig ist. Dies ist bei Kreditderivaten nicht der Fall. Sie ermöglichen den isolierten Handel des Kreditrisikos, ohne den zugrunde liegenden Kredit zu verkaufen. Mit Hilfe von Kreditderivaten ist es außerdem möglich ABS synthetisch zu konstruieren. Diese sog. strukturierten Kreditderivate basieren zwar auf der Idee und dem Konzept von ABS, aber im Gegensatz zu ABS ist der Verkauf von Krediten nicht notwendig. Auf die Funktionsweise und Konstruktion von Kreditderivaten wird im folgenden Kapitel eingegangen.

---

[126]Vgl. Meissmer (2001), S. 7.

4   Kreditderivate

4.1   Grundlagen von Kreditderivaten

Bei einem *Derivat* handelt es sich um ein Finanzinstrument, dessen Wert von der Wertentwicklung eines anderen zugrunde liegenden Basisinstrumentes (Underlying, Basiswert) abhängt bzw. abgeleitet wird.[127] Ein einfaches Beispiel für ein Derivat ist eine Aktienoption. Deren Wertentwicklung hängt von dem Kursverlauf einer bestimmten Aktie ab, die in diesem Fall das Basisinstrument ist. Durch den Einsatz von Derivaten ist es u. a. möglich, sich gegen Kursschwankungen des Basisinstrumentes abzusichern. So existieren seit längerem Derivate, die eine Absicherung gegen Marktrisiken resp. Marktpreisrisiken wie Aktien-, Zins- oder Wechselkursrisiken erlauben.[128] Seit Anfang der neunziger Jahre ist eine Absicherung von Kreditrisiken mit sog. Kreditderivaten möglich.

Ein *Kreditderivat* ist ein derivatives Finanzinstrument, dessen Wert von dem Kreditrisiko eines Basiswertes abhängt.[129] In der Regel handelt es sich bei dem Basiswert um einen Kredit oder ein Kreditportfolio, aber es kommen im Grunde sämtliche kreditrisikobehaftete Positionen als Underlying in Frage.[130] Mit Hilfe von Kreditderivaten kann das Kreditrisiko von dem Basiswert isoliert und an andere Marktteilnehmer transferiert werden.[131] Der Vorteil gegenüber den bisher vorgestellten Instrumenten des Kreditrisikotransfers besteht somit darin, dass das Kreditrisiko über den Kapitalmarkt weitergereicht werden kann, ohne dabei den zugrunde liegenden Kredit zu veräußern. Daher lässt sich ein Kreditderivat als eine Kreditversicherung interpretieren, die am Kapitalmarkt handelbar ist.[132]

Der Einsatz von Kreditderivaten ermöglicht es bspw. dem *Kreditrisikoverkäufer* (Risk Seller), das Kreditrisiko gegen Zahlung einer *Prämie* (Premium Leg) an einen Vertragspartner weiterzureichen, ohne dabei den abzusichernden Kredit veräußern zu müssen. Der *Kreditrisikokäufer* (Risk Buyer) verpflichtet sich zu einer *Ausgleichszahlung* (Protection Leg), falls ein vertraglich festgelegtes *Kreditereignis* (Credit Event) eintritt. [133] Entsprechend lässt sich der Risikoverkäufer auch als *Sicherungsnehmer* (Protection Buyer) und der Risikokäufer als *Sicherungsgeber* (Protection Seller) bezeichnen.

---

[127]Vgl. Hull (2006), S. 24.
[128]Vgl. Deutsche Bundesbank (2006), S. 56.
[129]Vgl. Burghof u. Henke (2000), S. 363.
[130]Vgl. Horat (2003), S. 969.
[131]Vgl. Burghof u. Henke (2005b), S. 33.
[132]Vgl. Becker u. Peppmeier (2006), S. 358 f.
[133]Vgl. Horat (2003), S. 969.

Im Laufe der Zeit haben sich eine Vielzahl von Ausgestaltungsmöglichkeiten von Kreditderivaten herausgebildet. Doch selbst komplex strukturierte Kreditderivate basieren auf drei Grundformen von Kreditderivaten. Zu diesen grundlegenden Formen zählen *Credit Default Swaps* (CDS), *Credit Spread Options* (CSO) und *Total Return Swaps* (TRS). Jene unterscheiden sich hinsichtlich der Art und Weise des Kreditrisikotransfers. Mit Hilfe von CDS lässt sich das Ausfallrisiko eines Kredites an andere Marktteilnehmer transferieren. CSO hingegen zielen primär auf die Absicherung des Bonitätsrisikos ab. TRS ermöglichen den Transfer des Ausfall-, des Bonitäts- und des Marktrisikos an andere Marktteilnehmer.[134] Doch bevor diese Grundformen von Kreditderivaten im nächsten Abschnitt erläutert werden, ist es notwendig auf die Vertragsgestaltung von Kreditderivaten einzugehen.

4.2   Kreditderivate in der Grundstruktur

4.2.1   Vertragsgestaltung eines Kreditderivates

Da es sich bei Krediten i. d. R. um individuelle Vereinbarungen handelt, werden Kreditderivate meist *außerbörslich* (Over-The-Counter) gehandelt.[135] Entsprechend lassen sich die Vertragsbestandteile eines Kreditderivates an die Eigenschaften und Besonderheiten des Basisinstruments anpassen. Bis 1998 wurden die einzelnen Vertragsbestandteile von Kreditderivaten zwischen den Vertragsparteien in langwierigen Verhandlungen individuell spezifiziert. In dem Jahr 1998 veröffentlichte die *International Swaps and Derivatives Association* (ISDA) einen Rahmenvertrag für Kreditderivate. Denn um die Marktfähigkeit zu gewährleisten, ist ein hohes Maß an Standardisierung notwendig.[136] Durch den Vertrag ließen sich die Dokumentationsrisiken verringern und die Vertragsgestaltung von Kreditderivaten vereinfachen.[137] Seitdem wurde der Rahmenvertrag mehrmals überarbeitet. Jedoch ist an dieser Stelle anzumerken, dass sich der Rahmenvertrag primär auf die Vertragsgestaltung von CDS bezieht. Die Standardisierung des Vertrages ist auch ein Grund dafür, dass der CDS mit Abstand den höchsten Marktanteil innerhalb der Gruppe der Kreditderivate hat.[138] Einzelne Bestandteile des CDS-Vertrages dienen aber auch als Grundlage für die Verträge anderer Kreditderivate insbes. von TRS. [139]

Die folgenden Ausführungen beziehen sich auf die wichtigsten Vertragsbestand-

---

[134]Vgl. Brütting u. Weber (2004), S. 380 f.
[135]Vgl. Heinrich (2005), S. 33.
[136]Vgl. Deutsche Bundesbank (2004), S. 28.
[137]Vgl. Martin u. a. (2006), S. 11.
[138]Vgl. Neske (2005), S. 57.
[139]Vgl. Das (2005), S. 15.

teile des sog. *Confirmation Letter*[140] aus dem Jahr 2003, dieser dokumentiert die vertraglichen Vereinbarungen eines Kreditderivates.

In einem ersten Schritt der vertraglichen Vereinbarungen werden die Rollen der Vertragsparteien festgelegt. Der Sicherungsnehmer wird als *Fixed Rate Payer* und der Sicherungsgeber als *Floating Rate Payer* bezeichnet. Anschließend wird der *Referenzschuldner* (Reference Entity) benannt. Hierbei handelt es sich um den Schuldner, gegen dessen Ausfall sich der Sicherungsnehmer absichern möchte. Will sich der Sicherungsnehmer gegen den Ausfall einer bestimmten Verbindlichkeit des Schuldners absichern, wählt er zusätzlich eine *Referenzverbindlichkeit* (Reference Obligation).[141] Bei der Referenzverbindlichkeit handelt es sich üblicherweise um eine genau spezifizierte Anleihe des Schuldners.[142] Des Weiteren wird die Vertragslaufzeit und somit der Absicherungszeitraum des Kreditderivates zwischen den Vertragspartnern vereinbart. Üblicherweise wird eine Vertragslaufzeit von fünf Jahren festgelegt.[143] Ein weiterer wichtiger Punkt ist die Festlegung der Höhe des *Nominalbetrages* des abzusichernden Kredites. Der Betrag spiegelt dabei die Höhe der Absicherung wider. Da der Betrag später für den Sicherungsnehmer bzw. Sicherungsgeber als Grundlage für die Berechnung der Ausgleichszahlung dient, wird der Betrag als *Fixed Rate Payer Calculation Amount* resp. *Floating Rate Payer Calculation Amount* bezeichnet.[144]

Für die Absicherung bei einem Credit Event zahlt der Sicherungsnehmer dem Sicherungsgeber i. d. R. viertel-, halb- oder jährlich eine feste *Prämie* (Fixed Rate).[145] Die Prämie wird in Basispunkten pro Jahr angegeben und bezieht sich auf den Nominalbetrag des abzusichernden Kredites.[146] Eine Prämie von 50bp, bezogen auf einen Nominalbetrag von 10 Mio. Euro, bedeutet, dass der Sicherungsnehmer jährlich eine Prämie von 50.000 Euro an den Sicherungsgeber zu entrichten hat.

Wurde keine Referenzverbindlichkeit ausgewählt, muss ein *Referenzaktivum* spezifiziert werden, anhand dessen in den meisten Fällen das Credit Event festgestellt wird. Hierbei handelt es sich um die *Verbindlichkeiten* (Obligations) des Referenzschuldners, bspw. einen Kredit oder eine Anleihe. Entsprechend ihrer Art müssen die Verbindlichkeiten näher spezifiziert werden (Obligation Cate-

---

[140]Der Confirmation Letter ist im Anhang nachzulesen.
[141]Vgl. Das (2005), S. 74.
[142]Vgl. Binder (2005), S. 459.
[143]Vgl. Dülfer (2005), S. 141.
[144]Da die Ausgleichszahlung i. d. R. variabel ist, wird der Sicherungsgeber als Floating Rate Payer bezeichnet.
[145]Aus diesem Grund wird der Sicherungsnehmer als Fixed Rate Payer bezeichnet.
[146]Vgl. Neske (2005), S. 56.

gory und Obligation Characteristics). Wurde das Referenzaktivum bzw. die Referenzverbindlichkeit definiert, muss nun der *Referenzwert* (Reference Price) der Verbindlichkeit, der in Prozent ausgedrückt wird, festgelegt werden. Üblicherweise beträgt der Wert 100%. Als nächstes muss das Credit Event, bei dem es zu einer Ausgleichszahlung kommt, vertraglich fixiert werden. Als Credit Events stehen sechs Auswahlmöglichkeiten zur Verfügung, von denen mehrere gewählt werden können.

- Insolvenz (Bankruptcy)

- Zahlungsversäumnis (Failure to Pay)

- Frühzeitige Fälligkeit der Verbindlichkeiten (Obligation Acceleration)

- Eventuelle frühzeitige Fälligkeit der Verbindlichkeiten (Obligation Default)

- Nichtanerkennung bzw. Zahlungsaufschub der Verbindlichkeiten (Repudiation/Moratorium)

- Restrukturierung der Verbindlichkeiten (Restructuring)

Die Insolvenz bezieht sich direkt auf den Referenzschuldner, während die übrigen Wahlmöglichkeiten von den Verbindlichkeiten abhängen. Üblicherweise werden die Insolvenz, das Zahlungsversäumnis und die Restrukturierung als Credit Event vertraglich fixiert.[147] Kommt es während der Vertragslaufzeit zu einem vorab definierten Credit Event, ist der Sicherungsgeber zu einer Ausgleichszahlung an den Sicherungsnehmer verpflichtet. Dabei besteht die Wahlmöglichkeit zwischen *zwei verschiedenen Formen* (Settlement Method) der Ausgleichszahlung.

Die erste Variante der Ausgleichszahlung wird als *Barausgleich* (Cash Settlement) bezeichnet. Diese Form wird u. a. gewählt, wenn eine Referenzverbindlichkeit ausgewählt wurde. Dabei können zwei unterschiedliche Variationen gewählt werden. Zum einen kann die Höhe der Ausgleichszahlung bereits bei Vertragsabschluss festgelegt werden. Dabei richtet sich die Höhe der Ausgleichszahlung nach dem erwarteten Verlust, der dem Sicherungsnehmer bei einem Credit Event entsteht.[148] Der Sicherungsgeber zahlt dann bei Eintritt eines Credit Events den festgelegten Betrag an den Sicherungsnehmer, unabhängig von dem tatsächlichen Verlust des Sicherungsnehmers. Diese Ausgleichszahlungsart wird als *Cash*

---

[147]Vgl. Binder (2005), S. 464.
[148]Vgl. Das (2005), S. 29 f.

Settlement-Fixed Amount bezeichnet. Zum anderen kann die Höhe der Ausgleichszahlung erst nach dem Eintritt eines Credit Events festgelegt werden. Daher wird
diese Form *Cash Settlement-Floating Amount* genannt. Die Ausgleichszahlung berechnet sich dann wie folgt:

$$Ausgleichszahlung = Nominalbetrag \; x \; (Referenzwert - Restwert)$$

Der *Restwert* (Recovery Rate) ist der prozentuale Wert des Referenzaktivums bzw.
der Referenzverbindlichkeit nach Eintritt eines Credit Events. Handelt es sich dabei um eine Anleihe, wird durch eine Händlerumfrage (Dealer Pool) kurz nach
dem Credit Event der Restwert bzw. der Marktpreis der Anleihe ermittelt.[149] Der
Sicherungsnehmer erhält somit eine Ausgleichszahlung in Höhe seines Verlustes.

Die zweite Form der Ausgleichszahlung bei einem Credit Event ist die *physische
Lieferung* (Physical Delivery) einer Verbindlichkeit. Bei dieser Variante zahlt der
Sicherungsgeber den festgelegten Nominalbetrag an den Sicherungsnehmer und
erhält dafür von dem Sicherungsnehmer eine *lieferbare Verbindlichkeit* (Deliverable
Obligation) des Referenzschuldners.[150] Die Verbindlichkeit und deren Charakte-
ristika werden bereits bei dem Vertragsabschluss fixiert. Dadurch besteht für den
Sicherungsnehmer eine gewisse Wahlmöglichkeit bei der Lieferung. Wurde die
Lieferung einer Anleihe festgelegt, kann der Sicherungsnehmer bspw. diejenige
wählen, die wirtschaftlich für ihn am günstigsten ist (Cheapest to Deliver).[151]
Die Anleihe muss dabei nur den festgelegten Charakteristika entsprechen. Es ist
natürlich auch möglich, den Kredit selbst an den Sicherungsgeber zu übertragen aber dies ist häufig problematisch. Daher wird meist eine von dem Referenzschuldner emittierte Anleihe herangezogen.

Nachdem die wichtigsten vertraglichen Punkte eines Kreditderivates, insbes. eines CDS, dargelegt wurden, werden in dem folgenden Abschnitt die Funktionsweise der verschiedenen Kreditderivate erläutert.

4.2.2   Credit Default Swaps

Wie bereits erwähnt nehmen *Credit Default Swaps* in der Gruppe der Kreditderivate die wichtigste Position ein. Dies lässt sich zum einen auf das hohe Maß
an Standardisierung und zum anderen auf ihre einfache Struktur zurückführen.
Außerdem dienen CDS als Grundlage für komplexer strukturierte Kreditderiva-

---

[149]Vgl. Das (2005), S. 87.
[150]Vgl. Binder (2005), S. 468.
[151]Vgl. Martin u. a. (2006), S. 24.

te, die in Abschnitt 4.3 thematisiert werden.

Bei einem CDS handelt es sich um einen bilateralen Vertrag, der den separaten Handel des Ausfallrisikos eines Kredites ermöglicht. Die Grundstruktur eines CDS lässt sich wie folgt beschreiben: Der Sicherungsnehmer möchte sich gegen den Ausfall eines Referenzschuldners und dessen Referenzverbindlichkeit bzw. -aktivum (Underlying) absichern. Um dieses zu erreichen, schließt der Sicherungsnehmer mit einer Gegenpartei, dem Sicherungsgeber, einen CDS-Vertrag über einen bestimmten Nominalbetrag ab. Für die Übernahme des Ausfallrisikos zahlt der Sicherungsnehmer an den Sicherungsgeber eine Prämie. Dafür verpflichtet sich der Sicherungsgeber bei Eintritt eines vorher vertraglich fixierten Credit Events zu einer Ausgleichszahlung. Diese Ausgleichszahlung kompensiert den entstandenen Verlust des Sicherungsnehmers. Kommt es während der Vertragslaufzeit zu keinem Credit Event, erhält der Sicherungsgeber die Prämie und der Vertrag läuft aus. Abbildung 6 stellt die Grundstruktur eines CDS dar.

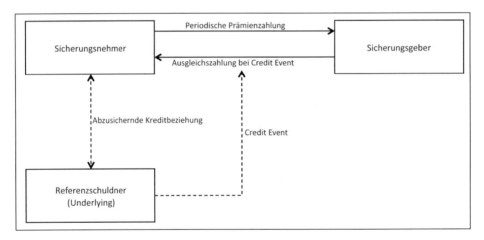

Abbildung 6: Struktur eines Credit Default Swaps

Quelle: Eigene Darstellung

Die Prämienzahlung bei einem CDS an den Sicherungsgeber erfolgt i. d. R. periodisch. Es ist aber auch möglich, die Prämie in einer Summe zu Beginn der Vertragslaufzeit zu bezahlen.[152] In diesem Fall ähnelt der CDS einer Put Option. Das Credit Event lässt sich als „Strike Preis" interpretieren, bei dem die Option ausgeübt wird. Daher wird ein CDS mit einer einmaligen Prämienzahlung auch als *Credit Default Option* bezeichnet.[153] Üblicherweise wird aber eine periodische Prämienzahlung vereinbart, die viertel-, halb- oder ganzjährlich bezahlt

---

[152]Vgl. Lause (2005), S. 24.
[153]Vgl. Rösch (2001), S. 9.

wird. Die Höhe der Prämie richtet sich nach der Bonität des Referenzschuldners und der Höhe der Absicherung.[154] Tritt ein Credit Event ein, ist der Sicherungs- geber zu einer Ausgleichszahlung verpflichtet. Diese erfolgt dann, je nach ver- traglicher Vereinbarung, entweder als *Cash* oder *Physical Settlement*. Wurde ein Barausgleich mit einem vorher festgelegten Ausgleichsbetrag vereinbart, spricht man von einem *Binary* oder *Digital CDS*.[155] Da die Berechnung des Restwerts ei- nes Kredites nicht unproblematisch ist, wird in den meisten Fällen die physische Lieferung einer Verbindlichkeit vereinbart.[156] Unter gewissen Umständen kann die physische Lieferung einer Verbindlichkeit problematisch sein. Angenommen, eine Vielzahl von Banken hat sich gegen den Ausfall eines Schuldners abgesichert und eine physische Lieferung einer Anleihe vereinbart. Es ist dabei anzumerken, dass sich in den Kreditportfolios der Banken die Kredite und nicht die Anleihen befinden. Kommt es nun zu einem Credit Event, müssen die Banken erst die An- leihen kaufen. Dadurch kann es zu einer erhöhten Nachfrage und somit zu einem überhöhten Preis der Anleihe kommen.[157]

Eine weitere Variante der CDS sind die *Basket Default Swaps*. Ein Basket Default Swap bezieht sich im Gegensatz zu einem CDS nicht nur auf einen Referenz- schuldner, sondern auf einen Korb (Basket) von Referenzschuldnern. Ansonsten ist die Vertragsgestaltung äquivalent zu der eines CDS. Üblicherweise besteht der Korb aus drei bis zehn Referenzschuldnern.[158] Außerdem muss bei dieser Form festgelegt werden, ab welcher Anzahl von Ausfällen es zu einer Ausgleichszah- lung kommt. Daher werden Basket Default Swaps auch N^{th}-to-Default Swaps ge- nannt. Bei einem *First-to-Default Swap* ist der Sicherungsgeber bereits bei dem ersten Credit Event irgendeines Referenzunternehmens aus dem Basket zu einer Ausgleichszahlung verpflichtet. Bei einem Second-to-Default Swap trägt der Si- cherungsnehmer die Verluste des ersten Credit Events. Zu einer Ausgleichszah- lung seitens des Sicherungsgebers kommt es erst bei einem zweiten Credit Event. Nach der Ausgleichszahlung wird der Kontrakt beendet. Für den Sicherungsneh- mer ist der Vorteil eines Basket Default Swaps, dass er nicht für jeden einzelnen Schuldner einen CDS abschließen muss sondern mehrere Schuldner zusammen- fassen kann. Der Sicherungsgeber profitiert hingegen von einer höheren Prämie im Gegensatz zu einem einzelnen CDS, der auf einen Referenzschuldner aus dem Basket abgeschlossen wurde, da er dem Ausfallrisiko mehrerer Referenzschuld-

---

[154]Vgl. Horat (2003), S. 970.
[155]Vgl. Das (2005), S. 30.
[156]Vgl. Schönbucher (2003), S. 19.
[157]Vgl. Heinrich (2005), S. 42.
[158]Vgl. Smithson (2003), S. 200; vgl. auch Das (2005), S. 183.

ner ausgesetzt ist.[159]

Die letzte Variante, die im Zusammenhang mit CDS angesprochen werden soll, sind die *Portfolio Default Swaps* bzw. *Portfolio Credit Default Swaps*. Die Funktionsweise eines Portfolio Default Swaps ähnelt der eines Basket Default Swaps. Aber im Gegensatz zu Basket Default Swaps ermöglichen Portfolio Default Swaps eine Absicherung eines größeren Portfolios (>10) von Referenzschuldnern. Ein weiterer Vorteil besteht darin, dass es dem Sicherungsnehmer möglich ist, sich gegen eine Vielzahl von Ausfällen abzusichern, ohne dass bei Eintritt eines Credit Events der Kontrakt beendet wird. Besteht bspw. ein Portfolio Default Swap aus 100 Referenzschuldnern a eine Mio. Euro beträgt der Nominalbetrag 100 Mio. Euro. Kommt es während der Vertragslaufzeit zu einem Credit Event bei einem Referenzschuldner, erfolgt eine Ausgleichszahlung seitens des Sicherungsgebers. Der Vertrag läuft danach weiter, der einzige Unterschied ist, dass der Nominalbetrag nicht mehr 100 Mio. sondern 99 Mio. Euro beträgt. Die Prämie, die der Sicherungsgeber erhält, berechnet sich dann nach dem neuen Nominalbetrag. Sollte es während der Laufzeit des Kontraktes zu weiteren Ausfällen kommen, ist der Ablauf analog.

Abschließend lässt sich festhalten, dass die hier dargelegten Variationen von CDS nur einen Überblick über die wichtigsten Ausgestaltungsmöglichkeiten von CDS darlegen sollen. Es existieren weitere Ausprägungsformen von CDS, die aber aufgrund ihrer geringen Bedeutung nicht weiter thematisiert werden sollen. In den folgenden Abschnitten werden die beiden weiteren Grundformen von Kreditderivaten vorgestellt.

4.2.3   Credit Spread Options

Während CDS sich auf die Absicherung des Ausfallrisikos beziehen, ist mit *Credit Spread Options* eine Absicherung des Bonitätsrisikos möglich. Wie bereits dargelegt, handelt es sich bei dem Credit Spread um den Aufschlag auf einen risikolosen Zins und ist als Risikoprämie zu interpretieren. Bei einer Verschlechterung der Kreditwürdigkeit eines Schuldners müsste entsprechend der gestiegenen Ausfallwahrscheinlichkeit des Kredites der Credit Spread erhöht werden. Der Sicherungsnehmer kann sich mit Hilfe einer *Credit Spread Put Option* zum einen gegen das Bonitätsrisiko und zum anderen auch gegen das Ausfallrisiko, da dies einer „unendlichen" Ausweitung des Credit Spreads gleichkommt, absichern.[160]

---

[159]Vgl. Bomfim (2005), S. 101.
[160]Vgl. Lorenz u. Gruber (2003), S. 342.

Eine Credit Spread Put Option gestaltet sich wie folgt: Zuerst wird der Referenz-schuldner und die abzusichernde Verbindlichkeit spezifiziert. Um eine Auswei-tung des Spreads festzustellen, wird ein *risikoloser Vergleichstitel* (i. d. R. eine ri-sikolose Staatsanleihe mit gleicher Laufzeit oder ein risikoloser Zins) herange-zogen. Der Vergleichstitel wird in diesem Zusammenhang auch als *Benchmark* bezeichnet. Des Weiteren wird ein *Strike Spread* vereinbart, bei dem die Option ausgeübt werden kann. Die Ausübung kann, je nach Ausgestaltung der Option, am Ende der Laufzeit (europäische Art) oder jederzeit (amerikanische Art) erfol-gen.[161] Um die Option auszuüben, muss der Credit Spread über dem vereinbar-ten Strike Spread liegen. Abbildung 7 soll den Struktur einer Credit Spread Put Option verdeutlichen.

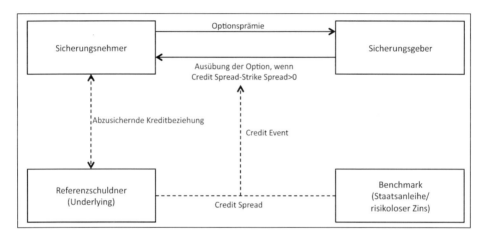

Abbildung 7: Struktur einer Credit Spread Put Option

Quelle: Eigene Darstellung

Der Sicherungsnehmer zahlt dem Sicherungsgeber eine einmalige Prämie für die Absicherung. Liegt der Credit Spread am Ausübungstag über dem Strike Spread, kann der Sicherungsnehmer bei einer physischen Lieferung die abzusichernde Verbindlichkeit zu einem vereinbarten Credit Spread an den Sicherungsgeber verkaufen. Wurde hingegen ein Barausgleich vereinbart, erhält der Sicherungs-nehmer eine entsprechende Ausgleichszahlung in Höhe der Differenz zwischen dem aktuellen Marktpreis und dem theoretischen Preis, der sich aus dem fest-gelegten Strike Spread ergibt.[162] Es ist ebenso möglich eine Credit Spread Call Option abzuschließen. Im Gegensatz zu einer Put Option sichert diese vor einer Verengung des Credit Spreads ab. Aufgrund dessen eignet sich diese nicht zur Absicherung von Bonitätsrisiken.

---

[161]Vgl. Lorenz u. Gruber (2003), S. 341.
[162]Vgl. Lause (2005), S. 35.

4.2.4 Total Return Swaps

Mit Hilfe eines *Total Return Swaps* (auch Total Rate of Return Swap genannt) kann sich der Sicherungsnehmer neben dem Ausfallrisiko, zusätzlich gegen sämtliche ökonomischen Risiken absichern, die zu einer Wertminderung des Underlyings führen können. Anhand Abbildung 8 soll die Funktionsweise eines TRS näher erläutert werden.

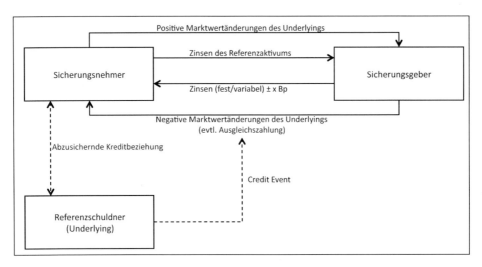

Abbildung 8: Struktur eines Total Return Swaps

Quelle: Eigene Darstellung

Der Sicherungsnehmer transferiert an den Sicherungsgeber sämtliche Erträge des Underlyings, in Form von Zinsen und Marktwertsteigerungen. Dafür erhält der Sicherungsnehmer einen i. d. R. variablen Zinssatz (z. B. LIBOR) und einen Auf- bzw. Abschlag, der von der Bonität des Referenzschuldners abhängig ist.[163] Des Weiteren erhält der Sicherungsnehmer mögliche Marktwertminderungen von dem Sicherungsgeber erstattet. Die Wertminderungen können bspw. aus der Verschlechterung der Bonität des Referenzschuldners oder Marktpreisrisiken resultieren. Aufgrund dieser Zahlungscharakteristik tätigt der Sicherungsgeber einen synthetischen Kauf für die Dauer des TRS-Kontraktes des Underlyings. Dadurch erhält der Sicherungsgeber unter Umständen Zugang zu Märkten, in die er normalerweise nicht direkt investieren kann oder darf. Der Zahlungsaustausch findet zwischen den Vertragspartnern periodisch oder am Ende der Laufzeit statt.[164] Kommt es zu einem Credit Event, ist der Sicherungsgeber zu einer Ausgleichszahlung, in Form des Barausgleichs oder der physischen Lieferung, verpflichtet. Üblicherweise beziehen sich TRS auf Anleihen, da für diese Marktwertänderun-

---

[163]Vgl. Deutsche Bundesbank (2004), S. 30.
[164]Vgl. Rudolph u. a. (2007), S. 69.

gen jederzeit feststellbar sind.[165] Es ist aber auch möglich, insbes. wenn sich der TRS auf einen Kredit bezieht, Marktwertänderungen durch eine Händlerumfrage zu ermitteln.

Wie bereits erwähnt, handelt es sich bei den vorgestellten Kreditderivaten um einen ungedeckten Kreditrisikoverkauf. Dies bedeutet, dass der Sicherungsneh- mer erst bei Eintritt eines Credit Events oder bei negativen Wertänderungen eine Zahlung von dem Sicherungsgeber erhält. Dadurch ist der Sicherungsnehmer ei- nem *Kontrahentenrisiko* (Counterparty Risk) ausgesetzt. Das Kontrahentenrisiko beschreibt die Gefahr, dass ein Vertragspartner seinen vertraglichen Verpflich- tungen nicht nachkommen kann. Bezogen auf die Kreditderivate bedeutet dies, dass der Sicherungsgeber bei Eintritt eines vertraglichen Credit Events nicht in der Lage sein könnte, eine Ausgleichszahlung zu leisten.[166] Mit Hilfe von struk- turierten Kreditderivaten lässt sich u. a. das Kontrahentenrisiko eliminieren.

4.3   Strukturierte Kreditderivate

Strukturierte Kreditderivate sind eine Kombination aus Anleihen und Kreditderi- vaten. Aus diesem Grund werden sie auch häufig als *hybride Produkte* bezeichnet. Durch die Kombination einer Anleihe mit einem Kreditderivat hängt die Rück- zahlung der Anleihe von der Entwicklung des zugrunde liegenden Kredites ab. Da der Großteil der strukturierten Kreditderivate auf Credit Default Swaps ba- siert, hängt die Rückzahlung von dem Eintritt eines Credit Events ab. Im Ge- gensatz zu den vorgestellten Kreditderivaten handelt es sich in den meisten Fäl- len bei strukturierten Kreditderivaten um einen gedeckten Kreditrisikoverkauf. Denn durch die Begebung von Anleihen erhält der Sicherungsnehmer bereits vor dem Eintritt eines Credit Events liquide Mittel. Dadurch lässt sich das Kontra- hentenrisiko eliminieren.

Es gibt vielfältige Gestaltungsmöglichkeiten von strukturierten Kreditderivaten. Die in den beiden folgenden Abschnitten thematisierten *Credit Linked Notes* (CLN) und *synthetische Collaterlized Debt Obligations* (synth. CDO) basieren auf Credit Default Swaps. Darüber hinaus sind CLN in synth. CDO mit integriert. Aus die- sem Grund wird zuerst die Struktur und Funktionsweise von CLN dargelegt.

---

[165]Vgl. Das (2005), S. 10.
[166]Vgl. Anson u. a. (2004), S. 17.

4.3.1   Credit Linked Notes

Credit Linked Notes kombinieren, wie bereits erwähnt, in den meisten Fällen CDS mit Anleihen.[167] Daher werden CLN, die auf CDS zurückgreifen, als Credit Default Linked Notes bezeichnet. Auch bei CLN existieren vielfältige Ausgestaltungsmöglichkeiten. In diesem Abschnitt sollen zwei Varianten näher erläutert werden.

Die erste Variante einer CLN ähnelt einem Credit Default Swap. Der Unterschied liegt darin, dass bereits vor einem Credit Event dem Sicherungsnehmer Liquidität, in Form des Emissionserlöses, zufließt. Dadurch wird aus Sicht des Emittenten das Kontrahentenrisiko eliminiert. Der Ablauf einer CLN-Transaktion ist wie folgt: Der Emittent einer CLN koppelt die Tilgung der Anleihe an den Eintritt festgelegter Credit Events bei einem bestimmten Referenzschuldner oder einem Referenzportfolio. Sollte es während der Laufzeit der CLN zu keinem Kreditereignis kommen, wird die Anleihe zum Nennwert (100%=pari) an den Investor zurückbezahlt. Sollte aber während der Laufzeit ein festgelegtes Credit Event eintreten, verringert sich die Rückzahlung um die vereinbarte Ausgleichszahlung.[168] Dies bedeutet für den Investor, dass er lediglich einen Restwert zurückerhält. Aus diesem Grund fungiert der Investor als Sicherungsgeber und der Emittent als Sicherungsnehmer. Abbildung 9 stellt die Struktur einer CLN dar.

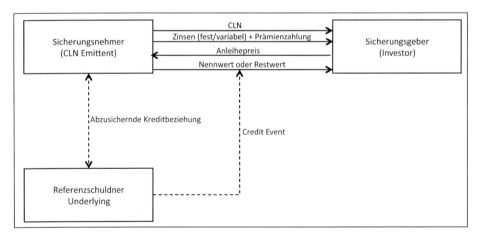

Abbildung 9: Struktur einer Credit Default Linked Note

Quelle: Eigene Darstellung

Für die Übernahme des Kreditrisikos erhält der Investor in periodischen Abständen eine Verzinsung, die sich aus einem festen oder variabel Zins und einer Prä-

---

[167]Vgl. Lorenz u. Gruber (2003), S. 343.
[168]Vgl. Burghof u. Henke (2000), S. 367.

mie für das eingegangene Kreditrisiko zusammensetzt. Dabei ist zu beachten, dass der Investor einem zweifachen Ausfallrisiko ausgesetzt ist. Der Sicherungsgeber übernimmt das Ausfallrisiko des Referenzschuldners bzw. dessen Underlying und das des Emittenten. Dies führt zu einem entsprechenden Aufschlag in der Prämie.[169] Um die Prämie so gering wie möglich zu halten, handelt es sich bei den Emittenten um eine meist hoch geratete Bank mit einem AAA oder AA Rating.[170] Es ist aber auch für Banken möglich CLN zu emittieren, die mit einem schlechteren Rating ausgestattet sind. Dies geschieht dann mit der Zwischenschaltung einer Zweckgesellschaft.

Bei dieser zweiten Variante gründet eine Bank eine Zweckgesellschaft, die rechtlich von ihr getrennt ist. Dieses Konzept beruht auf der Idee der bereits vorgestellten Asset Backed Securities. Die Zweckgesellschaft, die wie bei einer ABS-Transaktion auch als Special Purpose Vehicle bezeichnet wird, ist somit nicht mehr von dem Rating der Bank abhängig. Die Bank schließt mit der Zweckgesellschaft einen CDS-Vertrag über den abzusichernden Referenzschuldner ab. Dabei tritt die Zweckgesellschaft als Sicherungsgeber und die Bank als Sicherungsnehmer auf. Da die Zweckgesellschaft nur über geringe finanzielle Mittel verfügt, emittiert sie CLN. Diese entsprechen in ihrer Ausgestaltung der bereits vorgestellten Struktur. Abbildung 10 verdeutlicht den Aufbau einer CLN-Transaktion mit einer Zweckgesellschaft.

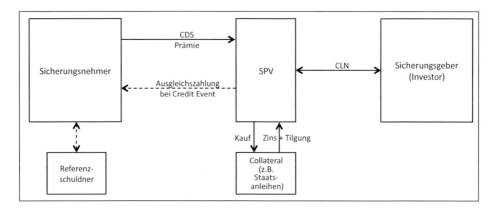

Abbildung 10: Struktur einer CLN mit Zweckgesellschaft

Quelle: Eigene Darstellung

Die festgelegten Credit Events, die an die Rückzahlung der CLN gekoppelt sind, beziehen sich auf den Referenzschuldner. Die finanziellen Mittel, die die Zweckgesellschaft aus der Emission erhält, werden in Anleihen höchster Bonität (AAA-

---

[169]Vgl. Horat (2003), S. 972.
[170]Vgl. Das (2005), S. 250.

Rating) investiert und dienen als Sicherheit (Collateral). Dabei handelt es sich i. d. R. um als risikolos geltende Staatsanleihen. Die Zwischenschaltung einer Zweckgesellschaft bietet für den Investor den Vorteil, dass er nur noch dem Ausfallrisiko des Referenzschuldners ausgesetzt ist, da die Zweckgesellschaft rechtlich von der Bank getrennt ist und das von dem Investor eingesetzte Kapital in risikolose Anleihen investiert hat.[171] Durch die Emission von CLN ist nicht mehr die Zweckgesellschaft der Sicherungsgeber sondern der Investor. Die Zinszahlungen die der Investor erhält, setzen sich somit aus der CDS-Prämie und dem Zins aus der risikolosen Anlage zusammen. Kommt es während der Laufzeit zu keinem Credit Event, verkauft die Zweckgesellschaft die risikolosen Anleihen und zahlt den Investoren ihr eingesetztes Kapital zurück. Tritt ein Credit Event ein, werden ebenfalls die risikolosen Anleihen verkauft. Doch dieses mal dient der Erlös der Anleihen der Ausgleichszahlung an den Sicherungsnehmer. Der Investor erhält folglich nur den Restwert zurück.

Die in dem nächsten Abschnitt thematisierten synthetischen Collaterlized Debt Obligations greifen auf das Konzept von CLN zurück, um die Idee der bereits vorgestellten Collaterlized Debt Obligations aber auch der Asset Backed Securities mit Hilfe von Kreditderivaten umzusetzen.

4.3.2 Synthetische Collaterlized Debt Obligations

Durch die Verwendung von Kreditderivaten ist es möglich, die in Abschnitt 3.2 vorgestellten Asset Backed Securities *synthetisch* nachzubilden. Die bisher vorgestellten ABS-Kontruktionen beruhten alle auf dem Konzept des True Sales; also dem Verkauf von Krediten an eine Zweckgesellschaft. Zwar lässt sich dadurch ein effizientes und aktives Kreditrisikomanagement betreiben, aber eine solche Transaktion ist mit einem hohen Aufwand und hohen Kosten verbunden. Ein weiteres inhärentes Problem bei einer solchen Transaktion ist für das Kreditrisikomanagement der Umstand, dass die Übertragung des Kreditrisikos nur mit dem Verkauf von Krediten möglich ist. Durch die Verwendung von Kreditderivaten lässt sich diese Problematik lösen. In diesem Abschnitt werden somit die Konzepte von Asset Backed Securities aus Kapitel 3.2 und die bisher vorgestellten Kreditderivate miteinander kombiniert. Aufgrund der Bedeutung von synth. CDO, insbes. im Zusammenhang mit der Finanzkrise, beschränken sich die nachfolgenden Ausführungen auf diese.[172]

---

[171]Vgl. Bomfim (2005), S. 129.

[172]Generell ist es jedoch möglich, sämtliche ABS mit Hilfe von Kreditderivaten zu konstruieren, wobei das Vorgehen analog zu synth. CDO ist.

Da die Idee von *synthetischen Collaterlized Debt Obligations* auf der Basis von CDO basiert, ist deren Struktur fast identisch. Der Hauptunterschied liegt lediglich darin, dass bei einem synth. CDO der Forderungspool bei dem Originator verbleibt und die Kreditrisiken mit Hilfe von Kreditderivaten übertragen werden. Für die Übertragung werden i. d. R. Credit Default Swaps bzw. Portfolio Default Swaps und Credit Linked Notes verwendet. [173] Somit lassen sich unter Verwendung von Kreditderivaten ebenso Balance-Sheet wie auch Arbitrage-CDO konstruieren.[174] Da die Struktur bei beiden Varianten fast identisch ist, wird im weiteren Kontext auf eine Unterscheidung verzichtet. Grundsätzlich lassen sich synth. CDO auf drei verschiedene Arten konstruieren: *Unfunded*, *Partially Funded* und *Fully Funded*.[175] Zuerst soll eine Partially Funded-Konstruktion eines synth. CDO erläutert werden, da dies die am häufigsten gewählte Variante ist.[176] Anhand derer wird anschließend der Unterschied zu einer Unfunded bzw. Fully Funded-Struktur erläutert.

Abbildung 11 stellt die Struktur einer Partially Funded synth. CDO-Konstruktion dar.

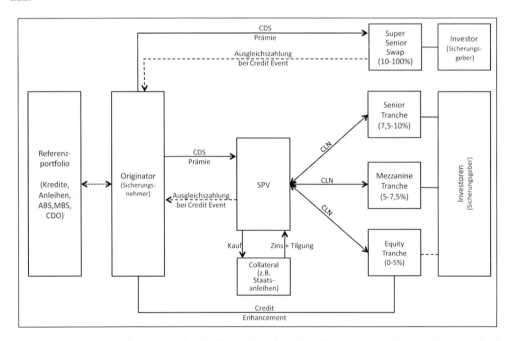

Abbildung 11: Struktur synth. Collaterlized Debt Obligations (Partially Funded)

Quelle: Eigene Darstellung

---

[173]Vgl. Anson u. a. (2004), S. 141.
[174]Vgl. Lucas, Goodman, u. Fabozzi (2006), S. 233.
[175]Vgl. Anson u. a. (2004), S. 143.
[176]Vgl. Dorendorf (2005), S. 71.

Zwischen dem Originator und der Zweckgesellschaft wird ein Portfolio Credit Default Swap auf ein genau spezifiziertes Referenzportfolio abgeschlossen.[177] Das Referenzportfolio kann bspw. aus Krediten, Anleihen oder anderen ABS-Tranchen bestehen. Die Zweckgesellschaft emittiert daraufhin CLN, deren Auszahlung an festgelegte Credit Events gebunden ist. Die Einnahmen der Emission werden in sichere Anleihen investiert. Es handelt sich somit um die bereits bekannte Struktur, die im Zusammenhang mit den CLN erläutert wurde. Aber im Gegensatz dazu erfolgt die Emission der CLN in einzelnen Tranchen und somit nach dem Wasserfall- bzw. Subordinationsprinzip. Dementsprechend werden die Zahlungsströme nach der Pay-Through Variante an die Investoren weitergeleitet.

Durch die Tranchierung erhält die Senior Tranche i. d. R. ein AAA-Rating und die Mezzanine Tranche ein BBB-Rating. Die Equity Tranche verfügt über kein Rating und wird häufig von dem Originator zurückbehalten.[178] In den meisten Fällen werden aber nur die ersten 10% des Kreditrisikos bzw. des Ausfallrisikos durch den Portfolio Credit Default Swap an die Zweckgesellschaft übertragen. Dies bedeutet, dass nur die ersten 10% des Kreditrisikos, in Form von CLN, an die Investoren weitergereicht wird. Für die restlichen 90% des Kreditrisikos wird ein zweiter Portfolio Credit Default Swap direkt mit einem Sicherungsgeber abgeschlossen. Der Vorteil für den Originator besteht darin, dass die Prämie für den Portfolio CDS geringer, als der Aufschlag für eine von der Zweckgesellschaft emittierte CLN mit einem AAA-Rating ist. Der Unterschied beträgt 10 bp oder mehr.[179] Dies lässt sich damit begründen, dass der zweite Portfolio CDS erst von den Ausfällen des Referenzportfolios betroffen ist, wenn die durch die Zweckgesellschaft emittierten CLN ausgefallen sind; selbst die AAA-geratete Tranche. Aus diesem Grund müsste das Rating des zweiten Portfolio CDS höher sein, als eine AAA-geratete CLN-Tranche. Daher wird der zweite Portfolio CDS auch als *Super Senior Swap* bezeichnet.[180]

Durch den Abschluss eines zweiten Portfolio CDS handelt es sich somit um eine Partially Funded-Struktur, denn durch die Emission von CLN ist nur ein Teil des Kreditrisikos gedeckt. Bei einer Fully Funded-Konstruktion wird das Kreditrisiko vollständig durch die CLN-Emission einer Zweckgesellschaft an die Investoren weitergereicht. Durch die Einnahmen ist somit das Kreditrisiko vollstän-

---

[177] Da das Vorgehen grundsätzlich analog zu den bereits beschriebenen ABS-Strukturen ist, werden lediglich die wichtigsten Unterschiede aufgezeigt.
[178] Vgl. Anson u. a. (2004), S. 145.
[179] Vgl. Lucas u. a. (2006), S. 250.
[180] Vgl. Dorendorf (2005), S. 73.

dig gedeckt.[181] Hieraus ergibt sich auch der Nachteil gegenüber einer Partially Funded-Struktur, da der Abschluss eines zweiten Portfolio CDS eine wesentliche Kostenreduzierung zur Folge hat.[182] Bei einer Unfunded-Struktur werden mit mehreren Sicherungsgebern Portfolio CDS abgeschlossen, die sich auf ein Referenzportfolio beziehen. Der erste Sicherungsgeber trägt dann bspw. die ersten 5% der Ausfälle des Referenzportfolios, der zweite die nächsten 5% usw.. Hierbei ist eine Zwischenschaltung einer Zweckgesellschaft nicht notwendig.[183]

Die vorgestellten Strukturen von Kreditderivaten haben aufgezeigt, dass vielfältige Ausgestaltungsmöglichkeiten von Kreditderivaten existieren und dass selbst komplexere Konstruktionen auf einfachen Grundformen von Kreditderivaten basieren. In dem nächsten Abschnitt sollen nun die Anwendungsmöglichkeiten von Kreditderivaten thematisiert werden.

4.4 Anwendungsmöglichkeiten von Kreditderivaten

In erster Linie erlauben Kreditderivate ein aktives Kreditrisikomanagement, ohne den zugrunde liegenden Kredit zu veräußern. Der Vorteil besteht somit darin, dass es zu keiner Beeinträchtigung des Kunden-Bank-Verhältnisses kommt. Durch den Einsatz von Kreditderivaten lassen sich einzelne Kredite oder gar Kreditportfolios absichern. Dadurch können Banken u. a. bestehende Klumpenrisiken bzw. Kreditrisikokonzentrationen abbauen. Darüber hinaus lässt sich durch den gezielten An- und Verkauf von Kreditrisiken eine verbesserte Diversifikation des Kreditportfolios erreichen.[184] Zudem ermöglichen Kreditderivate den Eintritt in neue Märkte, zu denen ansonsten kein Zugang bestünde.[185] Ferner bieten Kreditderivate neben der *Absicherung* und der *Kreditportfoliodiversifikation* eine Reihe von weiteren Anwendungsmöglichkeiten.

Durch die Einführung von Basel I ergab sich, wie in Kapitel 2.1 gezeigt wurde, eine Diskrepanz zwischen ökonomischem und regulatorischem Eigenkapital, da die unterschiedlichen Kreditnehmerqualitäten bei Unternehmen unberücksichtigt blieben. Mit Hilfe von Kreditderivaten lässt sich dieses Ungleichgewicht reduzieren. Durch die Verwendung eines CDS lässt sich die regulatorische Eigenkapitalunterlegung eines Kredites von 8% auf 1,6% absenken, wenn ein CDS über den Nominalbetrag des Kredites mit einer OECD-Bank abgeschlossen wurde.

---

[181]Vgl. Braun (2005), S. 70.
[182]Vgl. Lucas u. a. (2006), S. 249.
[183]Vgl. Braun (2005), S. 72.
[184]Vgl. Burghof u. Henke (2005b), S. 37 f.
[185]Vgl. Gruber u. Schmid (2005), S. 231.

Denn aus der Sicht des Sicherungsnehmers hängt das Kreditrisiko nicht mehr von dem zugrunde liegenden Kredit bzw. Schuldner ab, sondern von der OECD-Bank. Dadurch reduziert sich sich der Risikogewichtungsfaktor von 100% auf 20% und somit muss der Kredit lediglich mit 1,6% Eigenkapital unterlegt werden.[186] Die Bank kann dann das freigesetzte Kapital wiederum für die Vergabe neuer Kredite verwenden, die höhere Gewinnmargen generieren und somit eine *Renditeverbesserung* erzielen. Wird ein Kredit mit einer CLN abgesichert, lässt sich sogar ein Risikogewichtungsfaktor von 0% erreichen. Denn bei einer CLN-Transaktion handelt es sich um einen gedeckten Kreditrisikoverkauf und wirkt somit als Barunterlegung des Kreditrisikos beim Sicherungsnehmer.[187] Somit erlauben bspw. Portfolio CDS oder synth. CDO eine effiziente *Eigenkapitaloptimierung* für große Kreditportfolios.

Eine weitere wichtige Anwendungsmöglichkeit von Kreditderivaten ist die Erzielung von *Arbitragegewinnen*. Dies ist durch synth. Arbitrage-CDO möglich, aber auch durch CDS. Dies resultiert aus der unterschiedlichen Auffassung über die Entwicklung des Kreditrisikos zwischen den Marktteilnehmern. Eine Bank kann bspw. zwei CDS-Verträge mit gleichen Konditionen abschließen und tritt zum einen als Sicherungsgeber und zum anderen als Sicherungsnehmer auf. Ein Arbitragegewinn lässt sich dadurch erzielen, wenn die Prämie, die die Bank als Sicherungsgeber erhält, höher ist als die, die sie als Sicherungsnehmer bezahlen muss.[188]

Nachdem einige wichtige Anwendungsmöglichkeiten aufgezeigt wurden, soll im folgenden Abschnitt der Markt für Kreditderivate angesprochen werden. Dieser hat in den letzten Jahren ein starkes Wachstum zu verzeichnen. Des Weiteren ermöglichen Kreditderivate auch Nicht-Banken den Zugang zu dem Kreditmarkt. Aus diesem Grund werden weitere Marktteilnehmer benannt, die in den Handel von Kreditderivaten involviert sind.

4.5   Der Markt für Kreditderivate

Da der Handel von Kreditderivaten außerbörslich stattfindet, ist es schwierig, verlässliche Marktdaten über das Marktvolumen von Kreditderivaten zu erhalten. Die nachfolgenden Daten basieren auf den Zahlen, die von der British Ban-

---

[186]Vgl. Bomfim (2005), S. 34.
[187]Vgl. Neske (2005), S. 67.
[188]Vgl. Becker u. Wolf (2003), S. 58.

kers' Association[189] und von der ISDA[190] veröffentlicht wurden. Hierbei ist aber anzumerken, dass sich die veröffentlichten Daten der ISDA nur auf die Gruppe der Credit Default Swaps (inkl. Basket bzw. Portfolio CDS) beziehen. Die Tabelle 4 zeigt die Entwicklung des ausstehenden Nominalvolumens von Kreditderivaten auf.

Jahr	2001	2002	2003	2004	2005	2006	2007
BBA	1189	1952	3548	5021	20207	33120	/
ISDA	919	2192	3779	8422	17096	34422	62173

Tabelle 4: Nominalvolumen von Kreditderivaten (in Mrd.)

Quelle: Eigene Darstellung (Daten: BBA und ISDA)

Anhand der Zahlen wird deutlich, dass der Markt für Kreditderivate in den letzten Jahren rapide gewachsen ist. Dabei lässt sich festhalten, dass der Markt von Kreditderivaten in erster Linie von wenigen Banken dominiert wird. Dementsprechend entfallen ca. 80% bis 85% des weltweiten Gesamtvolumens auf 10 bis 17 international tätige Banken; weitere Marktteilnehmer sind Monoliner, Versicherungen und Hedgefonds.[191]

Monoliner fungieren häufig als Sicherungsgeber durch den Abschluss eines Super Senior Swaps bei synth. CDO. *Versicherungen* hingegen investieren häufig in CLN mit Investmentqualität.[192] Eine immer wichtigere Rolle nehmen Hedgefonds auf dem Markt für Kreditderivate ein. Zum einen engagieren sich diese zunehmend stärker als Sicherungsnehmer bzw. Sicherungsgeber, zum anderen treten sie häufig als Käufer von unteren synth. CDO-Tranchen auf, insbes. Equity-Tranchen, da diese hohe Renditen generieren.[193]

In dem nächsten Abschnitt sollen die Informationsprobleme, die durch die Veräußerung des Kreditrisikos entstehen können, erläutert werden.

4.6 Informationsprobleme im Kontext des Kreditrisikotransfers

Der Handel mit Kreditrisiken ist mit einigen Problemen verbunden. Dies hängt mit der Tatsache zusammen, dass der Verkäufer des Kreditrisikos einen Informationsvorsprung gegenüber dem Käufer des Kreditrisikos besitzt. Denn der Ver-

---

[189]Vgl. British Bankers' Association (2006).
[190]Vgl. International Swaps and Derivatives Association (2008).
[191]Vgl. Eichhorn u. Eichhorn-Schurig (2006), S. 25; vgl. auch Becker u. Wolf (2003), S. 48 und Deutsche Bundesbank (2004), S. 35.
[192]Vgl. Dülfer (2005), S. 134.
[193]Vgl. Das (2005), S. 731.

käufer hat als Gläubiger i. d. R. Zugang zu Informationen bzgl. des Kreditrisikos, die dem Kreditrisikokäufer nicht zur Verfügung stehen. In diesem Zusammenhang wird von einer *asymmetrischen Informationsverteilung* gesprochen.[194] Daraus resultieren aus der Sicht des Sicherungsgebers zwei Nachteile, zum einen das Problem der adversen Selektion und zum anderen das Moral-Hazard-Problem.

Die Problematik der *adversen Selektion* bzw. *Negativauslese* besteht darin, dass der Sicherungsnehmer gezielt ausfallbedrohte Kredite mit Hilfe von Kreditderivaten absichern möchte und der potentielle Sicherungsgeber die Höhe des Kreditrisikos aufgrund der Informationsasymmetrie zu niedrig einschätzt und eine zu geringe Prämie verlangt.[195] Besonders bei strukturierten Kreditderivaten kann das Problem der adversen Selektion auftreten. Denen liegt häufig ein umfangreiches Referenzportfolio zugrunde, dessen Kreditrisiko der Sicherungsgeber nur unzureichend einschätzen kann. Aus diesem Grund wird häufig eine Ratingagentur beauftragt, die das Kreditrisiko einschätzt. Das vergebene Rating dient dem Sicherungsgeber dann als alleiniger Qualitäts- bzw. Kreditrisikoindikator.

Ein weiterer kritischer Punkt, der nach der Übertragung von Kreditrisiken eine Rolle spielen kann, ist die sog. *Moral-Hazard-Problematik*. Diese entsteht dadurch, dass der Sicherungsnehmer seine Anstrengungen bzgl. der Kreditüberwachung des Schuldners verringern könnte, da dass Kreditrisiko auf den Sicherungsgeber übertragen wurde.[196]

Das Problem der adversen Selektion oder das Moral-Hazard-Problem kann in den meisten Fällen erst durch den Sicherungsgeber festgestellt werden, wenn es zu erhöhten Ausfällen der Referenzschuldner kommt. Dies hätte negative Auswirkungen auf die Reputation des Kreditrisikoverkäufers und künftige Transaktionen wären nur zu ungünstigeren Konditionen für den Sicherungsnehmer realisierbar.[197]

Da die Einschätzung des Kreditrisikos im Zusammenhang mit Kreditderivaten von großer Bedeutung ist, werden im folgenden Abschnitt zwei Möglichkeiten aufgezeigt, um das Kreditrisiko zu bestimmen.

---

[194]Vgl. Anson u. a. (2004), S. 19.
[195]Vgl. Franke (2005), S. 315.
[196]Vgl. Deutsche Bundesbank (2004), S. 41.
[197]Vgl. Franke (2005), S. 325.

4.7 Bewertungsansätze für Kreditderivate

In diesem Abschnitt wird die grundlegende Idee zweier Konzepte dargelegt, mit deren Hilfe das Kreditrisiko bewertet werden kann. Hierbei wird auf eine mathematische Darstellung verzichtet. Im Vordergrund der Darstellung steht vielmehr der Grundgedanke und die Intention der Konzepte.

Bei der ersten Modellkategorie handelt es sich um die sog. *Strukturmodelle*. Diese leiten die Bewertung des Kreditrisikos aus der Kapitalstruktur bzw. der Bilanz eines Unternehmens ab. Daher werden diese Modelle auch als *Firmenwertmodelle* bezeichnet.[198] Die Grundidee der Firmenwertmodelle basiert auf den Arbeiten von Black u. Scholes (1973) und Merton (1974). Mit Hilfe der *Optionspreistheorie* ist es möglich, ausfallrisikobehaftete Ansprüche zu bewerten.[199] Eigen- und Fremdkapital werden dabei als Derivate auf den Firmenwert verstanden. Der Wert des Eigenkapitals entspricht dem Wert einer (europäischen) Call Option auf den Firmenwert und der Fremdkapitalwert setzt sich zusammen aus einem risikolosen Zerobond abzüglich dem Wert einer (europäischen) Put Option auf den Firmenwert.[200] Die Put Option spiegelt dabei die Kosten des Kreditrisikos wider und somit den Preis, den eine Bank für die Veräußerung des Kreditrisikos zahlen müsste.[201] Des Weiteren kann mit Hilfe der Optionspreistheorie u. a. die Risikoprämie eines Kredites gegenüber einer risikolosen Anlage, die Wahrscheinlichkeit eines Ausfalls und der Restwert bei Ausfall ermittelt werden.[202] Das Grundmodell von Black u. Scholes (1973) und Merton (1974) wurde im Laufe der Jahre stetig erweitert.

In dem ursprünglichen Modell war eine Insolvenz des Unternehmens ausschließlich bei Fälligkeit der Verbindlichkeiten möglich. In dem Ansatz von Black u. Cox (1976) ist eine Insolvenz auch vor der Fälligkeit möglich. Die Insolvenz tritt ein, sobald der Firmenwert zum ersten Mal eine untere Schranke unterschreitet.[203] Aus diesem Grund nennt man diese Art der Strukturmodelle auch *First Passage Modelle*. Eine weitere Modellerweiterung wurde von Geske (1977) vorgenommen. In diesem Modell ist es möglich, im Gegensatz zu dem Ursprungsmodell, Verbindlichkeiten mit mehreren Zahlungsterminen mit Hilfe von Compound Optionen (Optionen auf Optionen) zu bewerten.[204]

---

[198]Vgl. Felsenheimer, Gisdakis, u. Zaiser (2006b), S. 12.
[199]Vgl. Black u. Scholes (1973), S. 637.
[200]Vgl. Anson u. a. (2004), S. 182 f.
[201]Vgl. Hartmann-Wendels u. a. (2007), S. 507.
[202]Vgl. Anson u. a. (2004), S. 186.
[203]Vgl. Schönbucher (2005), S. 707.
[204]Vgl. Rudolph u. a. (2007), S. 117.

Der Vorteil von Strukturmodellen liegt darin, dass die Insolvenz eines Unternehmens aus den ökonomischen Zusammenhängen erklärt wird. Der Nachteil von Strukturmodellen besteht darin, dass der Unternehmenswert und dessen Volatilität i. d. R. unbekannt sind. Aus diesem Grund wird, wenn verfügbar, der Aktienkurs einer Firma und dessen Volatilität zur Approximation des Firmenwertes herangezogen.[205]

Die zweite Modellkategorie bilden die sog. *Reduktionsmodelle* resp. *Intensitätsmodelle*, die in erster Linie auf den Arbeiten von Jarrow u. Turnbull (1995) und Duffie u. Singleton (1999) aufbauen. Im Gegensatz zu den Strukturmodellen wird bei Reduktionsmodellen der Ausfall nicht ökonomisch begründet, sondern dieser findet zufällig statt. Da also nicht auf die Kapitalstruktur eines Unternehmens zurückgegriffen wird, führt dies wiederum zu einer Reduzierung der Komplexität. Die Ausfallwahrscheinlichkeit bzw. das Kreditrisiko eines Unternehmens wird aus den Marktpreisen von gehandelten Anleihen abgeleitet.[206] Durch die Modellierung stochastischer Prozesse für den Ausfallzeitpunkt und den Restwert lässt sich dann eine Bewertung von Kreditderivaten vornehmen.[207]

Aufgrund der einfachen Datenkalibrierung hat sich die Klasse der Reduktionsmodelle als Marktstandard für die Bewertung von Kreditderivaten etabliert. An dieser Stelle ist anzumerken, dass inzwischen Modelle entwickelt wurden, die die Eigenschaften von Reduktions- und Strukturmodellen miteinander kombinieren. Für eine spezifischere Betrachtung der Modelle sei an dieser Stelle auf die Literatur von Schönbucher (2003) oder Bielecki u. Rutkowski (2004) verwiesen. Des Weiteren offeriert die Internetseite *www.defaultrisk.com* eine sehr gute Übersicht über den aktuellen Stand der Forschung für die Bewertung von Kreditderivaten bzw. des Kreditrisikos.

In dem letzten Abschnitt dieses Kapitels werden die wichtigsten Punkte im Bezug auf Kreditderivate noch einmal dargelegt und kritisch beurteilt.

---

[205]Vgl. Felsenheimer u. a. (2006b), S. 12.
[206]Vgl. Felsenheimer, Gisdakis, u. Zaiser (2006a), S. 9.
[207]Vgl. Rudolph u. a. (2007), S. 121.

4.8   Zusammenfassung und kritische Beurteilung

Lange Zeit war das Kreditrisiko untrennbar mit dem zugrunde liegenden Kredit verknüpft. Mit Hilfe von Kreditderivaten kann das Kreditrisiko eines Kredites separiert und an andere Markteilnehmer transferiert werden. Dadurch können Banken ihre bestehenden Kreditportfolios absichern und durch den An- und Verkauf von Kreditderivaten besser diversifizieren. Außerdem ermöglichen Kreditderivate Engagements in Märkten, zu denen sie bisher keinen Zugang hatten. Die vielfältigen Ausgestaltungsmöglichkeiten von Kreditderivaten erlauben eine individuelle Anpassung an die Bedürfnisse der Kontraktpartner. Aus diesem Grund wurden am Anfang des Kapitels die wichtigsten vertraglichen Details angesprochen. Die Standardisierung des Rahmenvertrages ermöglicht eine schnelle und kostengünstige Übertragung des Kreditrisikos, da langwierige Verhandlungen über die Vertragsgestaltung zwischen den Kontraktpartnern entfallen. Kritisch ist hierbei aber anzumerken, dass sich der Rahmenvertrag lediglich auf CDS bezieht. Für CSO und TRS hingegen existieren bislang noch keine standardisierten Verträge. Somit dient der CDS-Rahmenvertrag auch als Grundlage für die vertraglichen Regelungen von CSO und TRS.

Im anschließenden Abschnitt wurden die drei Grundformen von Kreditderivaten angesprochen. Dabei nehmen die CDS die wichtigste Position innerhalb dieser Gruppe ein. Dies lässt sich zum einen mit der Standardisierung des Rahmenvertrages für CDS begründen und zum anderen ist i. d. R. die Hauptintention der Markteilnehmer der alleinige Transfer des Kreditrisikos des Underlyings. Auf der Grundlage von CDS können somit einzelne aber auch Portfolios von Krediten abgesichert werden. Durch die Übernahme von Kreditrisiken lassen sich außerdem attraktive Prämien vereinnahmen, ohne Kapital investieren zu müssen. Dies ist natürlich nur solange der Fall, bis ein Credit Event eintritt. Der ungedeckte Kreditrisikoverkauf beinhaltet allerdings für den Sicherungsnehmer die Gefahr, dass der Sicherungsgeber bei Eintritt eines Credit Events seinen Zahlungsverpflichtungen nicht nachkommen kann.

In dem darauf folgenden Abschnitt wurde gezeigt, dass CDS als Grundlage für strukturierte Kreditderivate dienen. Ein Vorteil dieser Konstruktion ist für den Sicherungsnehmer, dass sich durch die Verknüpfung von CDS mit Anleihen das Kontrahentenrisiko eliminieren lässt. Hierbei ist zu beachten, dass der Investor einem doppelten Kontrahentenrisiko ausgesetzt ist. Dieser Nachteil lässt sich durch die Zwischenschaltung einer Zweckgesellschaft beseitigen. Der Vorteil für den Sicherungsnehmer besteht dann darin, dass die CLN unabhängig von seinem eigenen Rating begeben werden können. Im weiteren Verlauf des Abschnittes wurde aufgezeigt, dass durch die Kombination von CDS und CLN Collaterlized Debt Obligations aber auch andere Asset Backed Securities synthetisch nachgebildet werden können. Dadurch wird der Prozess der Verbriefung optimiert. Es ist dann nicht mehr nötig, den Forderungspool zu veräußern. Die Problematik bei einer solchen Konstruktion für den Investor besteht vor allem darin, das Risiko der jeweiligen Tranchen richtig einzuschätzen. Gerade bei synth. CDO können die Konstruktionen äußerst komplex aufgebaut sein. Aus diesem Grund verlässt sich der Investor häufig auf das Rating einer Ratingagentur.

Abschnitt 4.5 hat aufgezeigt, dass der Markt für Kreditderivate im Wesentlichen von wenigen großen Banken dominiert wird. Dies könnte sich nachteilig auswirken, sollte einer der Markteilnehmer ausfallen. Durch Kreditderivate erhalten auch Nicht-Banken Zugang zu den Kreditmärkten, der ihnen traditionell verschlossen war. Aufgrund der geringen Erfahrung mit Kreditrisiken könnte der Handel mit Kreditderivaten zu hohen Verlusten führen, da das Kreditrisiko zu gering eingeschätzt werden könnte. Dies betrifft besonders synth. CDO, da deren Aufbau komplex ist.

Ein weiterer wichtiger Punkt, der angesprochen wurde, ist die Problematik der asymmetrischen Informationsverteilung zwischen Sicherungsnehmer und Sicherungsgeber. Entsprechend könnten Banken leichtfertiger Kredite an Kreditnehmer niedriger Bonität vergeben und das Kreditrisiko an andere Markteilnehmer weiterreichen. Im letzten Punkt wurden schließlich Bewertungsansätze für Kreditderivate erwähnt. Gerade bei Kreditderivaten, die das Kreditrisiko eines Portfolios transferieren, können Probleme hinsichtlich ihrer Bewertung auftreten. Häufig liegen den Bewertungsmodellen sehr restriktive Annahmen zugrunde, die nur begrenzt die Realität widerspiegeln.

Nachdem Kreditderivate in diesem Kapitel ausführlich erläutert wurden, stellt sich die Frage, inwieweit diese für die aktuelle Finanzkrise verantwortlich sind. Bereits 2002 warnte die Investmentlegende Warren Buffet in einem Jahresbericht seiner Investmentfirma Berkshire Hathaway Inc. vor den Gefahren von Kreditderivaten mit folgenden Worten: „ ... derivatives are financial weapons of mass destruction, carrying dangers that, while now latent, are potentially lethal."[208] Ob Kreditderivate wirklich für die Finanzkrise verantwortlich sind, wird in dem folgenden Kapitel elaboriert.

---

[208]Buffet (2002), S. 15.

5 Die Finanzkrise und die Rolle der Kreditderivate

5.1 Die Finanzkrise: Ein Überblick

Der Ursprung der seit Mitte 2007 andauernden Finanzkrise ist ein bestimmter Bereich des US-Hypothekenmarktes bzw. Immobilienmarktes. Es handelt sich hierbei um den sog. *Subprime-Hypothekenmarkt*. Aus diesem Grund wird die aktuelle Finanzkrise als *Subprime-Krise* bezeichnet. Bei einem Subprime-Hypothekenkredit handelt es sich um ein Hypothekendarlehen an eine bestimmte Kreditnehmergruppe. Zu den Kreditnehmern aus diesem Segment zählen Schuldner mit einer niedrigen Bonität und einem geringen Einkommen. Des Weiteren sind die Schuldner i. d. R. in der Vergangenheit bereits durch den Zahlungsverzug von Krediten aufgefallen und haben somit eine negative Kredithistorie.[209]

Im Folgenden wird aufgezeigt, wie jene Hypothekendarlehen eine weltweite Finanzkrise auslösten und welche Rolle Kreditderivate dabei einnahmen. Doch bevor auf die Rolle der Kreditderivate und die Gründe für die internationale Finanzkrise eingegangen wird, befasst sich der nächste Teil zunächst mit den bisherigen Folgen der Subprime-Krise. Dadurch soll dem dem Leser die Dimension der Finanzkrise verdeutlicht werden.

Im Zuge der Krise mussten mehrere Hypothekenbanken in den USA Insolvenz anmelden oder wurden verkauft, darunter auch die größte US-Hypothekenbank Countrywide Financial. Diese hatte aufgrund der Subprime-Krise hohe finanzielle Verluste hinnehmen müssen und wurde schließlich im Januar 2008 von der Bank of America übernommen.[210] Des Weiteren kam es zu dem zweitgrößten Banken-Crash in der Geschichte der USA. Im Juli 2008 wurde die Hypothekenbank IndyMac von der US-Bankenaufsichtsbehörde infolge hoher Verluste geschlossen.[211] Aber nicht nur Hypothekenbanken sind betroffen, im März 2008 wurde die fünftgrößte US-Investment Bank von der Bank JP Morgan mit Unterstützung der US-Notenbank vor der Insolvenz gerettet und schließlich im Mai 2008 von JP Morgan übernommen.[212] Die Krise beschränkt sich nicht nur auf die USA. Nach Schätzungen des Internationalen Währungsfonds (IWF) könnten sich die Verluste von Banken und anderen Finanzdienstleistern, die durch die Finanzkrise entstehen, auf bis zu einer Billionen US-Dollar summieren.[213] Damit ist der

---

[209]Vgl. Lucas u. a. (2006), S. 112 f.
[210]Vgl. Financial Times Deutschland (2008c).
[211]Vgl. Financial Times Deutschland (2008f).
[212]Vgl. Financial Times Deutschland (2008b).
[213]Vgl. Internationaler Währungsfonds (2008), S. 13.

Subprime-Krise ein Eintrag in den Geschichtsbüchern als eine der größten Finanzkrisen sicher. Im Zuge der Krise sank der Börsenwert der 25 größten Banken bis Juli 2008 um ca. 854 Mrd. Euro.[214]

Aufgrund der Finanzkrise mussten Banken und andere Finanzdienstleister Abschreibungen in Milliardenhöhe vornehmen. Die Abschreibungen der 41 durch die Finanzkrise am stärksten betroffenen Banken und Finanzdienstleister betrug bis zum Ende des zweiten Quartals 2008 insgesamt 408,8 Mrd. Dollar.[215] Tabelle 5 zeigt die Abschreibungen von ausgewählten Institutionen, die von der Krise betroffen sind.

Institution	Abschreibungshöhe (in Mrd. $)
Citigroup	57,5
Merrill Lynch	46,8
UBS	41,8
HSBC	18,7
Bank of America	15,3
IKB	14,7
Fannie Mae	12,7
Deutsche Bank	11,4
Ambac	10,3
MBIA Inc.	9,4
Lehmann Brothers	7,0
Bayrische Landesbank	6,7
Freddie Mac	6,7
Bear Stearns	3,4

Tabelle 5: Abschreibungen ausgewählter Institutionen

Quelle: Eigene Darstellung (Daten: Reuters (2008))

Aus der Tabelle wird ersichtlich, dass auch deutsche Banken stark von der Finanzkrise betroffen sind. Die IKB Industriebank konnte nur durch die Hilfe der staatlichen KfW-Bankengruppe vor der Insolvenz gerettet werden. Inzwischen wurde die Bank an die US-Investmentgesellschaft Lone Star verkauft.[216] Aber auch Anleihenversicherer resp. Monoliner sind in die Krise involviert. Die beiden größten Monoliner Ambac und MBIA Inc. mussten bisher fast 20 Mrd. US-Dollar abschreiben und wurden in ihrem Rating von AAA auf AA mit einem negativen Ausblick herabgestuft. Dies hatte dann negative Auswirkungen auf die von Ambac und MBIA Inc. abgesicherten Anleihen.[217] Auch die Hypothekenfinan-

---

[214]Vgl. WirtschaftsWoche (2008).
[215]Vgl. Reuters (2008).
[216]Vgl. Börse Online (2008).
[217]Vgl. Financial Times Deutschland (2008a).

zierer Fannie Mae und Freddie Mac sind von der Krise sehr stark betroffen und wurden inzwischen von der US-Regierung übernommen.[218] Im Verlauf der Finanzkrise mussten weltweit die Zentralbanken Milliarden Euro bzw. Dollar für Banken bereitstellen, da Banken nicht mehr bereit waren, sich untereinander Geld zu leihen.[219] Es kam somit zu einer sog. *Kreditklemme* resp. *Credit Crunch*.

Die aufgeführten Folgen der Krise sind bei weitem nicht vollständig, aber sie geben einen ersten Eindruck über die Dimension der Krise. Es stellt sich die Frage, wie es dazu kommen konnte, dass die Verwerfungen am US-Immobilienmarkt globale Auswirkungen haben. Theoretisch müsste eine US-Immobilienkrise auf die USA beschränkt sein. Wie aber in dem vorliegenden Buch gezeigt wurde, existieren Instrumente des Kreditrisikotransfers, die es ermöglichen, Kreditrisiken an andere Markteilnehmer weiterzureichen. Für die aktuelle Krise sind Asset Backed Securities von zentraler Bedeutung. Aus diesem Grund werden in dem nächsten Abschnitt die Methoden des Kreditrisikotransfers von Subprime-Hypothekenkrediten erläutert. In diesem Zusammenhang spielen auch Kreditderivate eine Rolle.

5.2   Verbriefungsmethoden von Subprime-Krediten

Bevor auf die Verbriefung von Subprime-Krediten näher eingegangen wird, müssen erst einige Besonderheiten des US-Immobilienmarktes erläutert werden. Die Verbriefung von privaten Hypothekendarlehen durch RMBS ist ein normaler Vorgang in den USA. Von den ausstehenden Darlehen in Höhe von 10,7 Bill. US-Dollar wurden ca. 58% durch RMBS verbrieft.[220] Der Großteil der RMBS-Emissionen entfällt dabei auf die bereits erwähnten Hypothekenfinanzierer Fannie Mae, Freddie Mac und Ginnie Mae.

Fannie Mae wurde 1938 als staatliches Unternehmen gegründet. Die Aufgabe des Unternehmens war der Ankauf von Hypotheken von Banken, um für ausreichende Liquidität am Hypothekenmarkt zu sorgen. Die Refinanzierung fand dann über den Kapitalmarkt statt. Dadurch sollte sichergestellt werden, dass auch im Falle einer Bankenkrise weiterhin Immobilienkredite vergeben werden. 1968 wurde Fannie Mae aufgespalten in Ginnie Mae und Fannie Mae. Der wesentliche Unterschied zwischen den beiden Institutionen lag darin, dass die Rückzahlung von Ginnie Mae emittierten Anleihen *explizit staatlich garantiert* war. Fannie Mae hingegen wurde privatisiert und deren Anleihen besaßen keine offizielle

---

[218]Vgl. Financial Times Deutschland (2008g).
[219]Vgl. Hagedorn (2007), S. 20.
[220]Vgl. Goodman, Li, Lucas, Zimmerman, u. Fabozzi (2008), S. 3.

staatliche Garantie. Es wurde aber angenommen, dass im Falle einer Insolvenz von Fannie Mae der Staat eingreifen würde und somit eine *implizite staatliche Garantie* vorlag.[221] Dies ist auch bei dem 1970 auf staatliche Initiative gegründeten Hypothekenfinanzierer Freddie Mac der Fall. Aus diesem Grund werden die Unternehmen als *Government Sponsored Entities* bezeichnet.[222]

Die genannten Unternehmen entwickelten in den siebziger Jahren die MBS. Hierbei ist wichtig festzuhalten, dass die Hypothekenfinanzierer nur Darlehen kaufen und verbriefen, die bestimmten Kriterien entsprechen. Es handelt sich i. d. R. um sog. *Prime-Hypothekendarlehen* von Schuldnern mit einer erstklassigen (=prime) Bonität die über ein festes Einkommen verfügen. Andere Darlehen wie *Alternative-A-* bzw. *Alt-A-Hypothekenkredite* von Schuldnern, deren Einkommensverhältnisse schlecht dokumentiert sind, oder auch Subprime-Kredite wurden hingegen nicht von den Hypothekenfinanzierern angekauft.[223]

Bis 2003 waren die drei Hypothenkenfinanzierer für ca. 80% der emittierten RMBS-Anleihen verantwortlich. In den nachfolgenden Jahren verringerte sich der Anteil bis 2006 auf ca. 44,7%. Die übrigen 55,3% entfielen auf Banken oder Investmentfirmen.[224] Aufgrund des stärkeren Engagements von Banken auf dem Markt von RMBS stiegen die Anteile von ausfallgefährdeten Hypothekenkredite, die verbrieft wurden. Tabelle 6 verdeutlicht diesen Sachverhalt.

Jahr	2001	2002	2003	2004	2005	2006
RMBS-Emissionen (in Mrd.)	1355	1858	2718	1883	2156	2070
Anteil Subprime (in %)	6,4	6,6	7,2	19,3	21,6	21,7
Anteil Alt-A (in %)	0,8	2,9	2,7	8,4	15,4	17,7

Tabelle 6: Anteil von Subprime- und Alt-A-Krediten an RSMB-Emissionen

Quelle: Eigene Darstellung (Daten: Goodman u. a. (2008), S. 6.)

Die Gründe für den hohen Anstieg von Alt-A- und Subprime-Krediten werden in dem Abschnitt 5.3 erläutert. Zunächst wird die Frage beantwortet, wie es möglich ist, RMBS, basierend auf Subprime- bzw. Alt-A-Hypothekenkredite, so zu konstruieren, dass die RMBS attraktiv für Investoren sind.

---

[221]Diese Vermutung sollte sich im Verlauf der Krise als richtig erweisen.
[222]Vgl. Dodd (2007), S. 16.
[223]Vgl. Lucas u. a. (2006), S. 112 f.
[224]Vgl. Goodman u. a. (2008), S. 6.

5.2.1 Subprime-Mortgage Backed Securities

Für diesen Abschnitt wäre auch die Überschrift „*Die moderne Alchimie der Finanz-wirtschaft*" eine passende Bezeichnung gewesen. Vor Jahrhunderten haben die Menschen versucht, aus wertlosem Blei Gold herzustellen; dies ist ihnen aber nie gelungen. In der modernen Finanzwirtschaft ließ sich dies durch die Verwendung von RMBS aber realisieren. Ein Großteil der risikoreichen Subprime-Kredite wurde mit Hilfe der Verbriefung in Anleihen mit einem AAA-Rating umgewandelt. Anhand der Abbildung 12 wird der Prozess der Verbriefung von Subprime-Krediten näher erläutert.[225]

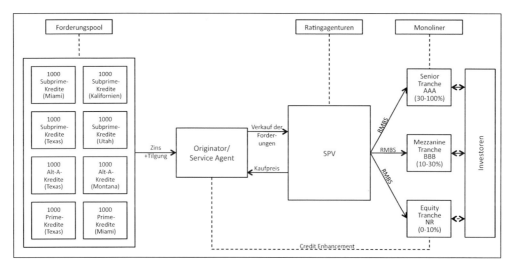

Abbildung 12: Struktur von Subprime-Mortgage Backed Securities

Quelle: Eigene Darstellung

Bei dem Originator der MBS-Transaktion handelt es sich entweder um eine Bank, die die Kredite selbst vergeben hat, oder um eine Investmentbank, die die Kredite eigens für die Transaktion am Markt gekauft hat. Ein Großteil des Forderungspools besteht aus Subprime-Krediten. Um eine höhere Diversifikation und somit ein besseres Rating zu erreichen, stammen die Kredite aus verschiedenen Regionen der USA. Zudem werden einige Hypothekenkredite höherer Qualität hinzugefügt, um das Rating zu verbessern. Dann wird der Forderungspool an die Zweckgesellschaft verkauft. In den meisten Fällen übernimmt der Originator die Rolle des Service Agent und erhält dafür eine entsprechende Gebühr. Die Zweckgesellschaft emittiert daraufhin die MBS-Anleihen nach dem Pay-Through Verfahren in verschiedenen Tranchen (mind. drei). Um das gewünschte AAA-

---

[225]Da die allgemeine Struktur einer ABS-Transaktion bereits hinreichend erläutert wurde, beschränken sich die Ausführungen auf zentrale Bestandteile der Verbriefung von Subprime-Kredite.

Rating für den Großteil der MBS-Anleihen zu erhalten, wird häufig eine externe Besicherung in Form eines Anleihenversicherers resp. Monoliners für die oberste Tranche in Anspruch genommen und/oder die Equity Tranche von dem Originator einbehalten. Die oberste Tranche kaufen dann i. d. R. institutionelle Anleger wie Banken, Versicherungen und andere Investoren. Die unteren Tranchen werden häufig aufgrund der höheren Rendite von Hedgefonds erworben.

Im Verlauf der Finanzkrise kam es zu hohen Ausfallraten, so dass teilweise selbst die AAA-Tranchen nicht mehr bedient werden konnten. In den ersten fünf Monaten in 2008 ist die Emission von MBS durch Nicht-Government Sponsored Entities im Vergleich zum Vorjahr um 93,2% gesunken und damit praktisch zum Erliegen gekommen.[226]

Durch die Verbriefung konnten somit die Subprime-Kredite weltweit verkauft werden. Aber die Emission von MBS war nur der erste Schritt zu der weltweiten Finanzkrise. Viele Investoren, insbes. institutionelle Anleger, konnten aufgrund ihrer Richtlinen (extern oder intern) nur in Anleihen mit einem hohen Rating investieren. Aus diesem Grund wurde der Prozess der Verbriefung weiter optimiert. Dabei sind Kreditderivate auch von großer Bedeutung.

5.2.2   Subprime-Verbriefungen mit Hilfe von Kreditderivaten

Um den Prozess der Verbriefung weiter zu optimieren, wurden in erster Linie CDO-Transaktionen genutzt. Tabelle 7 zeigt die Entwicklung von CDO-Emissionen und die Anteile von True Sale und synth. CDO-Emissionen in den letzten Jahren.

Jahr	2004	2005	2006	2007	2008
CDO-Emissionen (in Mrd.)	156,8	271,2	503,8	408,9	27,4
Anteil CDO+hybride CDO (in %)	76,2	76,0	82,3	88,7	95,6
Anteil synth. CDO (in %)	23,8	24,0	17,7	11,3	4,4

Tabelle 7: CDO- und synth. CDO-Emissionsvolumen

Quelle: Eigene Darstellung (Daten: Securities Industry and Financial Markets Association (2008a).)

Bei einer hybriden CDO-Transaktion werden die Elemente von True Sale CDO und synth. CDO miteinander kombiniert. Aus der Tabelle wird ersichtlich, dass in den letzten Jahren der Markt für CDO-Transaktionen rapide gewachsen ist und sich von 2004 bis 2006 verdreifachte. Die Tabelle spiegelt aber nicht die wirkliche Bedeutung von Kreditderivaten in der aktuellen Finanzkrise wider. Bei dem Anteil von synth. CDO-Transaktionen handelt es sich nur um den gedeckten Anteil

---

[226]Vgl. Securities Industry and Financial Markets Association (2008b).

der Transaktion, der durch CLN emittiert wird. Der Großteil des Kreditrisikos wird aber über einen Super Senior Swap an andere Marktteilnehmer weitergereicht. Dieser Anteil ist in den Daten der Tabelle nicht enthalten. Daher ist davon auszugehen, dass der Anteil von synth. CDO mit einem Super Senior Swap den Anteil von True Sale CDO übersteigt. Im Verlauf der Finanzkrise ist der Markt für CDO-Transaktionen zusammengebrochen. In den ersten zwei Quartalen in 2007 betrug das gesamte Emissionsvolumen von CDO-Transaktionen ca. 376,2 Mrd. US-Dollar. Im Gegensatz dazu betrug 2008 das Volumen für denselben Zeitraum 27,4 Mrd. Dollar und ist somit um fast 93% gesunken.[227]

Während früher CDO-Transaktionen in erster Linie für das Bilanzmanagement genutzt wurden, stehen in den letzten Jahren Arbitrage-CDO-Transaktionen im Vordergrund. Dies ermöglicht Investoren die indirekte Investition in Anleihen mit einem niedrigen Rating. Der Originator kann hingegen durch die Transformation von Anleihen mit einem niedrigeren Rating in Anleihen mit einem hohen Rating Arbitragegewinne erzielen. Durch die Verwendung von CDO-Transaktionen war es möglich, die unteren Tranchen von Subprime-MBS zu bündeln und in AAA-Anleihen umzuwandeln. Abbildung 13 illustriert diesen Sachverhalt.

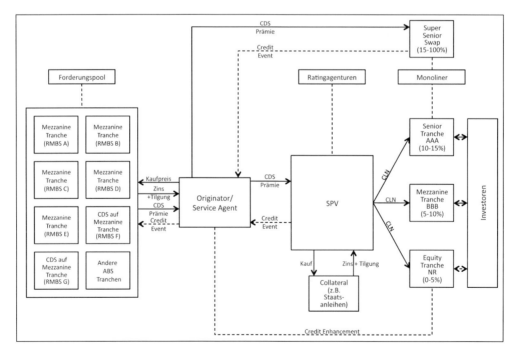

Abbildung 13: Synth. CDO basierend auf Mezzanine-Subprime-MBS-Tranchen

Quelle: Eigene Darstellung

---

[227] Vgl. Securities Industry and Financial Markets Association (2008a).

Als Originator der Transaktion fungiert häufig eine Investmentbank, diese stellt in Absprache mit den Investoren einen Forderungspool zusammen. Die Zusammenstellung des Forderungspools kann auf mehrere Arten erfolgen. Entweder werden die Mezzanine-Tranchen von RMBS direkt gekauft und/oder es werden CDS-Kontrakte auf diese abgeschlossen. Dabei fungiert die Investmentbank als Sicherungsgeber und erhält eine periodische Prämie. Der Vorteil bei der Verwendung von CDS liegt darin, dass die Mezzanine-Tranchen nicht extra gekauft werden müssen. Des Weiteren werden zusätzlich andere ABS-Tranchen zu dem Forderungspool hinzugefügt, um eine bessere Diversifikation zu erreichen. In dem nächsten Schritt wird mit einer Zweckgesellschaft, die dann wiederum als Sicherungsgeber auftritt, ein Portfolio CDS-Vertrag mit dem Forderungspool als Underlying abgeschlossen. Hierbei wird nicht das gesamte Kreditrisiko des Forderungspools transferiert, sondern bspw. nur die ersten 15%. Dann emittiert die Zweckgesellschaft CLN in verschiedenen Tranchen und investiert die Einnahmen als Sicherheit in Staatsanleihen. Durch die Verbriefung wurden somit aus Subprime-Tranchen mit einem Rating von BBB oder schlechter Tranchen mit einem höheren Rating. Der Großteil des Kreditrisikos wird aber über einen Super Senior Swap an bspw. Monoliner weitergereicht.

In einem nächsten Schritt war es auch möglich, die Mezzanine-CDO-Tranchen noch einmal zu tranchieren. Das Vorgehen ist analog zu dem oben beschriebenen Ablauf, dabei besteht allerdings der Forderungspool aus Mezzanine-CDO-Tranchen. Eine solche Konstruktion wird als CDO^2 bezeichnet.

Auf den ersten Blick haben solche Transaktionen für alle Beteiligten nur Vorteile. Die Investoren erhalten indirekt Zugang zu Anleihen mit einem niedrigeren Rating und bekommen im Gegensatz zu anderen Anleihen mit demselben Rating eine höhere Rendite. Die Investmentbank erhält Gebühren für ihre Rolle als Service Agent und erzielt einen Gewinn durch die Transformation von Anleihen in Investmentqualität. Monoliner oder andere Kontraktpartner erhalten durch den Abschluss eines Super Senior Swaps, dessen Rating über AAA liegt, periodische Prämien und Ratingagenturen erhalten für die Ratingvergabe eine entsprechende Gebühr.

Die Problematik während der Finanzkrise bestand aber darin, dass aufgrund der hohen Ausfallraten von Subprime-Krediten ein Großteil der emittierten BBB-Tranchen von Subprime-MBS nicht mehr bedient werden konnte. Da aber gerade diese als Underlying von synth. CDO aber auch CDO dienten, führte dies dazu, dass sämtlich Tranchen und auch der Super Senior Swap von den Verlusten betroffen waren.

Es lässt sich an dieser Stelle bereits die Frage beantworten, inwieweit Kreditderivate für die Krise mitverantwortlich sind. Durch die Verwendung von Kreditderivaten bei synth. CDO bzw. hybriden CDO optimierten sie den Prozess der Verbriefung. Zum einen war der direkte Verkauf des Forderungspools an die Zweckgesellschaft nicht mehr nötig und zum anderen konnte der Forderungspool effizienter zusammengestellt werden, da der Ankauf der Forderungen durch den Abschluss von CDS-Verträgen entfiel.

Nachdem die Methodik der Verbriefung von Subprime-Krediten erläutert wurde, werden in dem nächsten Abschnitt die Faktoren erläutert, die direkt oder indirekt die Finanzkrise begünstigten bzw. auslösten.

5.3 Der Weg in die Krise

Die Ursachen, die die Finanzkrise auslösten bzw. begünstigten, liegen teilweise 20 Jahre zurück. Abbildung 14 bildet die verschiedene Faktoren ab, die zu der Finanzkrise führten.

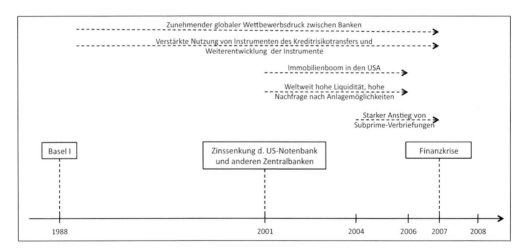

Abbildung 14: Faktoren, die zu der Finanzkrise führten

Quelle: Eigene Darstellung

Die Einführung von *Basel I* hatte zwei Entwicklungen zur Folge, die einen Einfluss auf die Finanzkrise hatten. Zum einen förderte Basel I die Entwicklung von den Instrumenten des Kreditrisikotransfers insbes. von ABS, da die Banken ihre bestehenden Kreditportfolios umstrukturieren mussten. Dies führte im Grunde zu einer *Globalisierung der Kreditmärkte*, da ABS die Weiterreichung der Kredite an den Kapitalmarkt erlaubten. Zum anderen berücksichtigte Basel I nicht die unterschiedliche Kreditnehmerqualität. Daher neigten Banken dazu höhere Risiken einzugehen, da diese aufgrund der regulatorischen Kapitalarbitrage ökonomischer waren. Aber auch durch den starken Wettbewerbsdruck und die Globalisierung mussten Banken höhere Risiken eingehen, um ihre Erträge zu erhöhen.

In den folgenden Jahren wurden die Instrumente des Kreditrisikotransfers stetig erweitert und optimiert. Schließlich erlaubten Kreditderivate den Verkauf des Kreditrisikos, ohne den zugrunde liegenden Kredit zu veräußern. Diese Möglichkeit optimierte u. a. den Prozess der Verbriefung. Der nächste Schritt und einer der wesentlichen Gründe für die Subprime-Krise war die massive Zinssenkung des Leitzins in den USA.

Die *US-Notenbank* (Federal Reserve) senkte 2001 aufgrund des Zusammenbruchs der New Economy und den Terroranschlägen vom 11. September den Leitzins in mehreren Schritten auf 1%. Dieser blieb bis Ende 2004 auf einem sehr niedrigen Niveau von unter 2%.[228] Ziel der Maßnahmen war es, die Konjunktur in den USA zu stärken. Dies hatte einen *Immobilienboom* in den USA zur Folge. Die Menschen konnten aufgrund des niedrigen Zinssatzes günstig einen Kredit aufnehmen und Immobilien kaufen. In dem Zeitraum von Anfang 2001 bis Mitte 2006 stiegen die Preise in den zehn größten amerikanischen Städten um ca. 96%.[229] In diesem Zeitraum wurden viele Subprime-Kredite vergeben. Dabei handelte es sich häufig um Hypothekenkredite mit einer variablen Verzinsung sog. *Adjustable Rate Mortgage* (ARM). Diese offerierten den Schuldnern oftmals in den ersten zwei Jahren einen niedrigen festen Zinssatz, den sog. Lockzins (Teaser Rate), der nach zwei Jahren an einen Leitindex angepasst wurde, bspw. an den US-Leitzins oder den LIBOR.[230] Des Weiteren wurden auch sog. Interest-Only Kredite vergeben. Bei diesen musste der Schuldner die ersten Jahre keine Tilgungszahlungen leisten, sondern nur Zinsen zahlen.[231] Die Vergabe von Subprime-Krediten war unproblematisch, da die Häuserpreise stiegen. Die Schuldner konnten sich aufgrund der gestiegen Immobilienpreise bei Fälligkeit der Rückzahlungen durch einen neuen Kredit refinanzieren oder ihr Haus verkaufen.[232]

Im Verlauf des Immobilienbooms sanken die Anforderungen an die Bonität der

---

[228]Vgl. Federal Reserve (2008).
[229]Vgl. S&P/Case-Shiller Home Price Indices (2008).
[230]Läuft ein Kredit bspw. über 30 Jahre, bezeichnet man diesen dann als 2/28 ARM. Die Zinsraten sind die ersten zwei Jahre fix und dann variabel.
[231]Vgl. Lucas u. a. (2006), S. 104 f.
[232]Vgl. Dodd u. Mills (2008), S. 15.

Kreditnehmer immer weiter und es wurden teilweise auch sog. *Ninja-Kredite* vergeben. Ein Schuldner eines Ninja-Kredites hatte folgende Eigenschaften: No income, no job und no assets.[233] Es war somit äußerst zweifelhaft, ob solche Kredite zurückbezahlt werden könnten. Die Banken gingen aber davon aus, dass die Häuserpreise weiter steigen werden und sie im Falle des Zahlungsverzugs die Immobilie als Sicherheit besaßen.

Ein weiterer Faktor, der die Banken dazu veranlasste, vermehrt Subprime-Kredite zu vergeben, war die hohe Nachfrage nach strukturierten Produkten wie ABS. Dies führte dazu, dass Banken bei der Kreditvergabe nicht mehr eine Buy & Hold Strategie verfolgten, sondern eine *Originate to Distribute* Strategie. Dies bedeutete, dass Banken Kredite vergaben, um diese direkt wieder an den Kapitalmarkt in Form von MBS oder CDO weiterzureichen oder an Investmentbanken zu verkaufen.[234] Da die Banken die Kredite direkt wieder weiterreichten, führte dies zu immer laxeren Restriktionen bei der Kreditvergabe.

Die große Nachfrage nach MBS und CDO lässt sich mit der weltweit hohen Liquidität begründen. Auch in Europa und anderen Ländern befanden sich die Zinsen auf einem sehr niedrigen Niveau. Aufgrund dessen erhöhte sich die Nachfrage nach profitablen Anlagemöglichkeiten.[235] Durch die Verbriefung von Subprime-Krediten bot sich den Investoren die Möglichkeit attraktive Renditen zu vereinnahmen. Ein Großteil der MBS und CDO war mit einem AAA-Rating ausgestattet. Daher hielten die Investoren dies für eine sichere Anlage, da das Kreditrisiko als minimal eingeschätzt wurde. Diese Einschätzung sollte sich aber als falsch erweisen.

Die US-Notenbank erhöhte Anfang 2005 den Leitzins schrittweise bis Mitte 2006 auf 5,25%.[236] Dies hatte zur Folge, dass viele Hypothekendarlehen, insbes. Subprime-Kredite, nicht mehr von den Schuldnern bedient werden konnten. Besonders betroffen waren davon Schuldner von ARM, da deren Zinszahlungen an den Leitzins angepasst wurden und dieser stark angestiegen war. Aus diesem Grund wurden immer mehr Häuser verkauft. Das wiederum führte dazu, dass die Häuserpreise ab Mitte 2006 sanken. Dadurch konnten sich andere Schuldner nicht weiter refinanzieren, da deren Haus an Wert verlor. Aufgrund dessen erhöhten sich die Ausfallraten von Subprime-Krediten und anderen Hypotheken-

---

[233]Vgl. Dodd u. Mills (2008), S. 14.
[234]Vgl. Sanio (2008), S. 14.
[235]Vgl. Deutsche Bundesbank (2008), S. 19.
[236]Vgl. Federal Reserve (2008).

darlehen.[237]

Dies war der Beginn der Finanzkrise. Im April 2007 musste die Hypothekenbank New Century Financial, die in erster Linie Subprime-Kredite vergab, Insolvenz anmelden.[238] In den folgenden Monaten verschlechterte sich die Situation auf dem US-Immobilienmarkt weiter. Im Juni 2007 mussten zwei Hedgefonds von Bear Stearns geschlossen werden, die stark in Equity-CDO-Anleihen investiert hatten. Auch die Originatoren der Zweckgesellschaften waren von den erhöhten Ausfällen als erste betroffen. Denn diese hielten als Credit Enhancements die untersten Tranchen selbst, die dann als erste von den Verlusten betroffen waren.

Die Ratingagenturen stuften in den folgenden Monaten eine Vielzahl von CDO und MBS zurück. In den letzten beiden Quartalen 2007 setzte bspw. Moody's 1508 CDO-Tranchen und 4367 MBS-Tranchen herab und allein in dem ersten Quartal 2008 wurden weitere 1637 CDO-Tranchen und 2988 MBS-Tranchen heruntergestuft.[239] Die massiven Ratingherabstufungen und die hohen Verluste führten dazu, dass der Markt von MBS und CDO fast komplett zum Erliegen gekommen ist. Die Marktteilnehmer verloren das Vertrauen in MBS und CDO, da sie keine genauen Informationen über die Zusammensetzung des zugrunde liegenden Forderungspools hatten.[240]

Besonders hart betroffen waren und sind ABCP-Transaktionen, deren langfristigen Forderungen bestanden zum Großteil aus MBS und CDO. Die Zweckgesellschaften von ABCP-Verbriefungen konnten sich nicht mehr durch die Ausgabe von den kurzfristigen CP refinanzieren und es bestand auch nicht mehr die Möglichkeit, die langfristigen Forderungen zu verkaufen, da es sich um MBS und CDO-Verbriefungen handelte und es für diese keine Käufer mehr gab. Aus diesem Grund mussten die Banken, die als Originator auftraten und Liquiditätsfazilitäten stellten, den Zweckgesellschaften Kapital zur Verfügung stellen, um die fälligen CP zu bedienen. Dadurch gelangten die langfristigen Forderungen in die Bilanz des Originators. Dies überstieg aber in vielen Fällen die Möglichkeiten der Banken und bedrohte deren Existenz.[241] Ein solcher Fall ist bspw. bei der IKB eingetreten. Diese hatte Kreditlinien in Höhe von fast 13 Mrd. Euro gegenüber einer Zweckgesellschaft gewährt. Der Betrag entsprach dem Dreifachen ihres Eigen-

---

[237]Vgl. Dodd u. Mills (2008), S. 16.
[238]Vgl. Spiegel Online (2007b).
[239]Vgl. Securities Industry and Financial Markets Association (2008c), S. 10.
[240]Vgl. Aberer u. Gruber (2007), S. 18.
[241]Vgl. Dodd u. Mills (2008), S. 16 f.

kapitals.[242] Nur durch das Eingreifen der staatlichen KfW-Bankengruppe konnte die Insolvenz abgewendet werden.

Im August 2007 mussten die Zentralbanken schließlich massiv intervenieren und Liquidität zur Verfügung stellen. Dieser Schritt war notwendig geworden, da die Banken nicht mehr bereit waren, sich untereinander Kredite zu gewähren. Zum einen wussten Banken nicht, welche Risiken andere Banken bspw. durch die Bereitstellung von Kreditlinien eingegangen waren. Zum anderen haben Banken ihre Kreditvergabe eingeschränkt, da sie durch die Krise hohe Verluste hinnehmen mussten. Ein weiterer Faktor, der die Intervention der Notenbanken nötig machte, war die Tatsache, dass Banken Probleme hatten, sich zu refinanzieren. Viele Banken haben Kredite mit dem Ziel vergeben, diese direkt weiterzuveräußern. Da der Markt für Verbriefungen aber zum Erliegen gekommen ist, mussten die Banken somit die Kredite in ihren Büchern behalten und mit Kapital unterlegen, das sie eigentlich nicht hatten.[243]

Die dargelegten Faktoren haben gezeigt, dass eine Vielzahl von Gründen zu der Finanzkrise geführt haben. In dem letzten Abschnitt dieses Kapitels werden nun die einzelnen Akteure und deren Rolle in der Finanzkrise näher erörtert.

5.4   Die Akteure der Finanzkrise

In den bisherigen Ausführungen wurde ein wichtiger Akteur bislang nur unzureichend betrachtet. Für den wesentlichen Erfolg einer Emission von MBS und CDO ist ein Rating eine unabdingbare Voraussetzung. Denn es waren die *Ratingagenturen*, die einen Großteil der Emissionen mit einem AAA-Rating bewerteten und damit den Investoren suggerierten, dass nur ein geringes Kreditrisiko für die Anleihen bestünde.

Erst Mitte 2007 reagierten die Ratingagenturen auf die sich bereits Ende 2006 abzeichnende Subprime-Krise. Innerhalb kürzester Zeit wurden hunderte CDO und MBS mit einem AAA-Rating um teilweise mehrere Rating-Kategorien herabgestuft. Dies führte zu weiteren Turbulenzen an den bereits angespannten Märkten für MBS und CDO.[244] Die Problematik bei strukturierten Wertpapieren besteht darin, dass die Analyse des Forderungspools sehr komplex ist. Aufgrund dessen basieren die Ratings auf mathematischen Modellen, die mit Hilfe geeigneter Parameter kalibriert werden. Die wichtigsten Faktoren sind dabei die Ausfall-

---

[242]Vgl. Eller, Waitz, u. Kurfels (2008), S. 32.
[243]Vgl. Dodd u. Mills (2008), S. 17.
[244]Vgl. Klein (2008), S. 37.

wahrscheinlichkeiten der einzelnen Bestandteile des Forderungspools und deren Korrelation untereinander. Die Daten-Historie von Subprime-Krediten bzw. Subprime-Verbriefungen war aber nur unzureichend, da es sich um ein relativ neues Produkt handelte. Zudem existierten fast keine Daten über Ausfälle von MBS oder CDO, da die Immobilienpreise bis Mitte 2006 gestiegen sind. Des Weiteren wurde angenommen, dass der Forderungspool von CDO oder MBS als ausreichend diversifiziert galt, wenn die Kredite aus unterschiedlichen Regionen der USA stammten.[245]

Die Fehleinschätzung von Rating-Agenturen hatte schwerwiegende Folgen für deren Reputation. Die Problematik wurde zudem dadurch verstärkt, dass die Investoren sich fast nur auf die Rating-Einschätzung verlassen hatten und keine eigenen Risikoanalysen für die MBS und CDO durchführten. Aufgrund dessen haben die Rating-Agenturen eine Teilschuld an der aktuellen Krise, da sie die Risiken falsch einschätzten und dadurch zu hohe Ratings vergaben.

Die Hauptschuld an der Finanzkrise tragen aber in erster Linie die Banken. Dabei ist es irrelevant, ob es die Banken sind, die die Subprime-Kredite vergaben, oder diejenigen, die die Kredite verbrieften, oder die, die in die MBS oder CDO investierten. Die hohe Nachfrage nach MBS und CDO ermöglichte erst, dass Hypothekenbanken immer mehr Subprime-Kredite vergaben und zu einer Originate to Distribute Strategie übergingen. Dabei ist festzuhalten, dass die Kreditvergabe von Subprime-Krediten Ausmaße angenommen hatte, die fast kriminell waren. Allein die Tatsache, dass Ninja-Kredite vergeben wurden, ist unverantwortlich und musste zwangsläufig zu einer Krise führen. Ein weiteres Problem für Banken und andere Investoren ist die Komplexität von MBS und insbes. von CDO. Durch den Vertrauensverlust in diese Produkte ist der Markt zum Erliegen gekommen. Dies stellt die Investoren vor massive Probleme bei der Bewertung dieser Produkte, da momentan keine Marktpreise zur Verfügung stehen. Aufgrund dessen werden die Abschreibungen bzw. die Marktpreise von MBS und CDO eher grob geschätzt. Dies geschieht häufig auf der Grundlage der *ABX.HE-Indexreihe*, die auf Kreditderivaten mit Subprime-Engagements basiert.

Der ABX.HE-Index existiert seit Januar 2006 und bezieht sich auf Portfolio CDS mit 20 Subprime-MBS als Underlying. Alle sechs Monate wird der Index neu aufgelegt. Dabei werden neue Subprime-MBS nach bestimmten Kriterien ausgewählt. In den meisten Fällen handelt es sich um die volumenmäßig größten Subprime-MBS, die in diesem Zeitraum emittiert wurden. Die Index-Reihen sind

---

[245]Vgl. Brabänder (2008), S. 10.

aufgeteilt in verschiedene Tranchen (AAA, AA, A, BBB und BBB-) der 20 Subprime-MBS. Der jeweilige Indexpreis wird dann anhand der Prämien ermittelt, die der Sicherungsgeber für die Absicherung der sich in dem Index befindlichen Subprime-MBS zu zahlen hat. Steigen die Prämien der Absicherung, sinkt der Index-Preis et vice versa; der Indexpreis wird in Prozent des Nennwerts quotiert.[246]

Das Heranziehen der ABX.HE-Indexreihe für die Schätzung von Verlusten ist aber problematisch. Zum einen repräsentiert der ABX.HE-Index nur einen geringen Teil von Subprime-MBS und zum anderen sind die Indexpreise, besonders für die oberen Tranchen, nicht unbedingt realistisch. Die Preise der verschiedenen Index-Tranchen, die Anfang 2006 emittiert wurden, werden bspw. durch den ABX.HE 06-2 repräsentiert. Der Nennwert der Anleihen von den verschiedenen Tranchen lag bei der Emission bei 100%. Am 02. September 2008 lag der Indexpreis der Tranchen mit den Ratings AAA, AA, A, BBB und BBB- nur noch bei 66,84%, 19,62%, 7,06%, 4,85% und 4,85%.[247] Die weiteren Index-Reihen befanden sich auf einem ähnlich niedrigen Niveau. Dies würde für eine AA-Tranche bedeuten, dass ein investierter US-Dollar nur noch einen Wert von knapp 20 US-Cents hätte. Ein solcher Verlust von ca. 80% würde aber erst eintreten, wenn fast sämtliche Subprime-Kredite ausfielen und die Häuser (die als Sicherheiten des Kredites dienten) bei einer Zwangsversteigerung weit unter Wert verkauft werden müssten.[248] Dies erscheint aber äußerst unwahrscheinlich. Die Problematik der Bewertung ist bisher noch nicht ausreichend gelöst.

Ein weiterer wichtiger Akteur in der Finanzkrise waren Monoliner. Diese ermöglichten erst durch ihr Schattenrating, dass eine Vielzahl von MBS- und CDO-Tranchen hohe Ratings erhielten. Des Weiteren traten sie verstärkt als Sicherungsgeber von Super Senior Swaps auf. Im Verlauf der Finanzkrise mussten Monoliner aufgrund der hohen Ausfallraten insbes. im Kontext der CDO-Verbriefungen ihre Garantiezusagen erfüllen. Dies führte dazu, dass die Monoliner in massive Zahlungsschwierigkeiten gerieten. Inzwischen wurden die beiden größten Monoliner MBIA Inc. und Ambac in ihrem Rating herabgestuft und im Zuge dessen eine Vielzahl der von ihnen besicherten Anleihen. Dies führte bei Banken zu zusätzlichen Abschreibungen.[249]

Der letzte Akteur, der eine zentrale Rolle in der aktuellen Finanzkrise einnimmt,

---

[246]Vgl. Bank for International Settlements (2008), S. 7.
[247]Vgl. Markit (2008).
[248]Vgl. Handelsblatt (2007).
[249]Vgl. Financial Times Deutschland (2008a).

ist die US-Notenbank. Diese senkte 2001 in mehreren Schritten den US-Leitzins bis auf ein historisch niedriges Niveau von 1% und beließ ihn für einen längeren Zeitraum auf einem Niveau von unter 2%.[250] Dadurch wurde erst der Immobilienboom ermöglicht, der schließlich zu einer weltweiten Finanzkrise führte. Somit legte die US-Notenbank den Grundstein für die Subprime-Krise. Darüber hinaus wurde diese für ihr Verhalten bei der Übernahme von Bear Stearns kritisiert, da sie den Kauf mit einer Liquiditätshilfe unterstützt hatte.[251] Dies könnte für Banken als Signal gewertet werden, dass die US-Notenbank im Falle einer drohenden Zahlungsunfähigkeit eingreifen würde. Dadurch könnten Banken zu einem riskanteren Verhalten neigen (Moral-Hazard-Problem).[252]

---

[250]Vgl. Eller u. a. (2008), S. 26.
[251]Vgl. Financial Times Deutschland (2008b).
[252]Vgl. Financial Times Deutschland (2008e).

6 Fazit und Ausblick

Das vorliegende Buch hatte das Ziel, die Konstruktion von Kreditderivaten und deren Rolle in der aktuellen Finanzkrise zu erläutern. Die Ausführungen zeigten, dass Kreditderivate den effizienten Transfer von Kreditrisiken erlauben. Gleichzeitig hat die Finanzkrise gezeigt, welche Probleme damit verbunden sind. Durch die stetige Weiterentwicklung der Instrumente des Kreditrisikotransfers wurde die Weitergabe des Kreditrisikos konsequent erleichtert. Mit Hilfe von Kreditderivaten war es schließlich möglich, das Kreditrisiko von dem zugrunde liegenden Kredit zu separieren und an andere Marktteilnehmer weiterzureichen. Dies führte dazu, dass der Prozess der Verbriefung insbes. von CDO erheblich erleichtert wurde. Daher haben die Kreditderivate eine Teilschuld an der aktuellen Krise. Es ist festzuhalten, dass es sich bei Kreditderivaten nicht um Massenvernichtungswaffen handelt, wie sie von Warren Buffet bezeichnet wurden. Vielmehr komplementieren Kreditderivate den Markt für die Instrumente des Kreditrisikotransfers.

Die Erläuterungen zu der Rolle der Kreditderivate in der aktuellen Finanzkrise haben auch aufgezeigt, dass andere Faktoren zu der Subprime-Krise geführt haben. Durch Basel I ergaben sich für Banken Anreize, riskantere Kredite zu vergeben, da bei der Eigenkapitalunterlegung die unterschiedlichen Kreditnehmerqualitäten unberücksichtigt blieben. Dies änderte sich durch die Einführung von Basel II Anfang 2008. In Basel II werden für die Berechnung der Eigenkapitalunterlegung die unterschiedlichen Kreditnehmerqualitäten berücksichtigt. Daher müssen Kredite mit einem höheren Kreditrisiko auch mit einem höherem Eigenkapital unterlegt werden.[253] Dadurch verringern sich die Anreize für Banken, höhere Risiken einzugehen. Die Regelungen beziehen sich auch auf ABS. Nach Basel II müssen Banken bspw. für die Equity-Tranchen das 12,5-fache des bisherigen regulatorischen Eigenkapitals hinterlegen. Für die AAA-Tranchen hingegen muss nur noch ein Vierzehntel des bisherigen Eigenkapitals hinterlegt werden.[254] Zudem sind die Banken verpflichtet, Liquiditätsfazilitäten an Zweckgesellschaften mit 20% Eigenkapital zu unterlegen, wenn diese für weniger als ein Jahr zugesagt werden. Kreditlinien, die längerfristig sind, müssen mit 50% Eigenkapital unterlegt werden.[255] Es ist dabei aber kritisch anzumerken, dass in den USA Basel II bisher noch nicht umgesetzt wurde.

Die aktuelle Finanzkrise zeigt auf, welche Gefahren von den Instrumenten des

---

[253]Vgl. Hagedorn (2007), S. 22.
[254]Vgl. Wood (2007), S. 21.
[255]Vgl. Hagedorn (2007), S. 25.

Kreditrisikotransfers ausgehen können. Mit Hilfe der Instrumente werden Kreditrisiken globalisiert und haben daher internationale Auswirkungen. Durch die stetige Weiterentwicklung wurden die Instrumente immer komplexer und undurchsichtiger. Allein die Tatsache, dass die Banken bis zu dem heutigen Zeitpunkt nicht genau wissen, auf welche Höhe sich ihre Verluste belaufen, verdeutlicht diesen Sachverhalt. Des Weiteren wurde im Verlauf der Finanzkrise deutlich, dass MBS und CDO die Moral-Hazard-Problematik bei der Vergabe von Krediten verstärkten. Viele Banken vergaben Kredite ohne eingehende Prüfung der Kreditnehmer, da sie eine Originate to Distribute Strategie verfolgten.

Ein weiteres Problem bei komplex strukturierten Verbriefungen bestand darin, dass die Anleger die Risiken unterschätzt haben. Sie verließen sich auf die Ratings der Ratingagenturen, die die Risiken ebenfalls falsch einschätzten. Gerade Ratingagenturen müssen in den kommenden Monaten ihre Ratingvergabe überdenken. Die massiven Ratingherabstufungen zeigten, dass deren Ratingmodelle für strukturierte Produkte unzureichend sind. Dies war auch einer der wesentlichen Gründe dafür, dass der Markt für strukturierte Produkte zusammengebrochen ist. Die Investoren verloren das Vertrauen in die Ratings und konnten selbst nur schwer abschätzen, aus welchen Bestandteilen der zugrunde liegende Forderungspool zusammengesetzt war. Die Banken müssen sich bemühen, das Vertrauen der Investoren für diese Produkte wiederzugewinnen und die Transparenz solcher Produkte erhöhen. Darüber hinaus stellt sich die Frage, ob CDO, insbes. solche, denen ein Forderungspool aus den unteren Tranchen von ABS zugrunde liegt, einen ökonomischen Sinn haben und in der Zukunft weiterhin bestehen werden.

Wie lange die Krise noch andauern wird, lässt sich zu diesem Zeitpunkt noch nicht beurteilen. Selbst ein Jahr nach Beginn der Krise leiden die Banken weiterhin unter den Folgen. Die Investmentbank Lehmann Brothers steht bspw. kurz vor der Übernahme, da sie bis zum heutigen Zeitpunkt aufgrund der Subprime-Krise Abschreibungen in Milliardenhöhe vornehmen musste.[256]

Abschließend lässt sich festhalten, dass die Subprime-Krise den Marktteilnehmern der Finanzmärkte verdeutlicht hat, dass die Vergabe von Krediten und die Weiterreichung der Kreditrisiken mit hohen Risiken verbunden ist.

---

[256]Vgl. Financial Times Deutschland (2008d).

Anhang

A ISDA Kreditderivatvertrag

EXHIBIT A to 2003 ISDA Credit Derivatives Definitions

[Headed paper of Party A]

Date:

To: [Name and Address or Facsimile Number of Party B]

From: [Party A]

Re: Credit Derivative Transaction

Dear _____:

The purpose of this [letter] (this "Confirmation") is to confirm the terms and conditions of the Credit Derivative Transaction entered into between us on the Trade Date specified below (the "Transaction"). This Confirmation constitutes a "Confirmation" as referred to in the ISDA Master Agreement specified below.

The definitions and provisions contained in the 2003 ISDA Credit Derivatives Definitions (the "Credit Derivatives Definitions"), as published by the International Swaps and Derivatives Association, Inc., are incorporated into this Confirmation. In the event of any inconsistency between the Credit Derivatives Definitions and this Confirmation, this Confirmation will govern.

[This Confirmation supplements, forms a part of, and is subject to, the ISDA Master Agreement dated as of [date], as amended and supplemented from time to time (the "Agreement"), between you and us. All provisions contained in the Agreement govern this Confirmation except as expressly modified below.][1]

The terms of the Transaction to which this Confirmation relates are as follows:

THE FOOTNOTES TO THIS CONFIRMATION ARE PROVIDED FOR CLARIFICATION ONLY AND DO NOT CONSTITUTE ADVICE AS TO THE STRUCTURING OR DOCUMENTATION OF A CREDIT DERIVATIVE TRANSACTION.

ISDA has not undertaken to review all applicable laws and regulations of any jurisdiction in which the Credit Derivatives Definitions may be used. Therefore, parties are advised to consider the application of any relevant jurisdiction's regulatory, tax, accounting, exchange or other requirements that may exist in connection with the entering into and documenting of a privately negotiated credit derivative transaction.

1   Include if applicable. If the parties have not yet executed, but intend to execute, an ISDA Master Agreement include, instead of this paragraph, the following: "This Confirmation evidences a complete and binding agreement between you and us as to the terms of the Transaction to which this Confirmation relates. In addition, you and we agree to use all reasonable efforts promptly to negotiate, execute and deliver an agreement in the form of an ISDA Master Agreement, with such modifications as you and we will in good faith agree. Upon the execution by you and us of such an agreement, this Confirmation will supplement, form part of, and be subject to that agreement. All provisions contained in or incorporated by reference in that agreement upon its execution will govern this Confirmation except as expressly modified below. Until we execute and deliver that agreement, this Confirmation, together with all other documents referring to an ISDA Master Agreement (each a "Confirmation") confirming transactions (each a "Transaction") entered into between us (notwithstanding anything to the contrary in a Confirmation), shall supplement, form a part of, and be subject to, an agreement in the form of the 1992 ISDA Master Agreement (Multicurrency – Cross Border) if any Confirmation dated prior to the date of this Confirmation refers to that ISDA Master Agreement and otherwise the 2002 ISDA Master Agreement as if we had executed an agreement in such form (but without any Schedule except for the election of [English Law][the laws of the State of New York] as the governing law and [specify currency] as the Termination Currency) on the Trade Date of the first such Transaction between us. In the event of any inconsistency between the provisions of that agreement and this Confirmation, this Confirmation will prevail for the purpose of this Transaction."

Copyright ©2003 by International Swaps and Derivatives Association, Inc.

1.   General Terms:

Trade Date: [   ]

Effective Date: [   ]

Scheduled Termination Date: [   ]

Floating Rate Payer: [Party A][Party B] (the "Seller").

Fixed Rate Payer: [Party A][Party B] (the "Buyer").

Calculation Agent:[2]   [   ]

Calculation Agent City:[3]   [   ]

Business Day:[4]   [   ]

Business Day Convention: [Following][Modified Following][Preceding] (which, subject to Sections 1.4 and 1.6 of the Credit Derivatives Definitions, shall apply to any date referred to in this Confirmation that falls on a day that is not a Business Day[5]).

Reference Entity: [   ]

[Reference Obligation(s):][6]   [   ]

[The obligation[s] identified as follows:
Primary Obligor: [   ]
Guarantor: [   ]
Maturity: [   ]
Coupon: [   ]
CUSIP/ISIN: [   ]

---

2   If the Calculation Agent is a third party, the parties may wish to consider any documentation necessary to confirm its undertaking to act in that capacity. If a person is not specified, the Credit Derivatives Definitions provide that the Calculation Agent will be the Seller.
3   If a city is not specified, the Credit Derivatives Definitions provide that the Calculation Agent City will be the city in which the office through which the Calculation Agent is acting for purposes of the Credit Derivative Transaction is located.
4   The Credit Derivatives Definitions provide a fallback to days on which commercial banks and foreign exchange markets are generally open to settle payments in the jurisdiction of the currency of the Floating Rate Payer Calculation Amount.
5   The Credit Derivatives Definitions provide a fallback to the Following Business Day Convention.
6   Specify if required. A Reference Obligation must be specified for Credit Derivative Transactions to which Cash Settlement applies. If a Reference Obligation is specified for Credit Derivative Transactions to which Physical Settlement applies then, subject to the second paragraph of Section 2.20(b)(i) and Sections 2.32(a) and 2.33(a), such Reference Obligation is a Deliverable Obligation even though at the time of delivery it does not fall into the Obligation Category or lacks any or all Deliverable Obligation Characteristics.

All Guarantees: [Applicable][Not Applicable]

Reference Price: [%]⁷

2. Fixed Payments:

    [Fixed Rate Payer
    Calculation Amount:⁸ [ ]]

    [Fixed Rate Payer Period End
    Date:⁹ [ ]]

    Fixed Rate Payer Payment
    Date[s]: [ ], [ ], [ ] and [ ]

    [Fixed Rate: [ ]]¹⁰

    [Fixed Rate Day Count
    Fraction:¹¹ [ ]]

    [Fixed Amount: [ ]]

3. Floating Payment:

    Floating Rate Payer
    Calculation Amount:¹² [ ]

    Conditions to Settlement: Credit Event Notice

    Notifying Party: Buyer [or Seller]

    [Notice of Physical Settlement]¹³

    [Notice of Publicly Available Information Applicable]¹⁴

    [Public Source(s):[ ]]¹⁵

---

7   If a percentage is not so specified, the Credit Derivatives Definitions provide that the Reference Price will be one hundred per cent.
8   If an amount is not specified, the Credit Derivatives Definitions provide that the Fixed Rate Payer Calculation Amount will be the Floating Rate Payer Calculation Amount.
9   If a date is not specified, the Credit Derivatives Definitions provide that the Fixed Rate Payer Period End Date will be each date specified in the related Confirmation as a Fixed Rate Payer Payment Date.
10   The Credit Derivatives Definitions provide that the Fixed Rate means a rate, expressed as a decimal, equal to the per annum rate specified here.
11   If a Fixed Rate Day Count Fraction is not specified, the Credit Derivatives Definitions provide a fallback to Actual/360 as the Fixed Rate Day Count Fraction.
12   Specify an amount or, for amortizing Transactions, refer to amounts listed in an amortization schedule.
13   Notice of Physical Settlement is a required Condition to Settlement in respect of Credit Derivative Transactions to which Physical Settlement is applicable. It is not applicable in relation to Credit Derivative Transactions to which Cash Settlement is applicable.
14   If Notice of Publicly Available Information is intended to be a Condition to Settlement, the parties should include a reference to it here.
15   If Notice of Publicly Available Information has been selected by the parties and a Public Source is not specified, the Credit Derivatives Definitions provide that the Public Sources will be Bloomberg Service, Dow Jones Telerate Service, Reuter Monitor Money Rates Services, Dow Jones News Wire, Wall Street Journal, New York Times, Nihon Keizai Shinbun, Asahi Shinbun, Yomiuri Shinbun, Financial Times, La Tribune, Les Echos and The Australian Financial Review (and successor publications), the main source(s) of business news in the

[Specified Number:[   ]][16]

Credit Events: The following Credit Event[s] shall apply to this Transaction:

[Bankruptcy]

[[Failure to Pay]

[Grace Period Extension Applicable][17]

[Grace Period:][18]

Payment Requirement: [   ]][19]

[Obligation Default]

[Obligation Acceleration]

[Repudiation/Moratorium]

[Restructuring]

[[Restructuring Maturity Limitation and Fully
Transferable Obligation: [Applicable][20]]

[[Modified Restructuring Maturity Limitation and
Conditionally Transferable Obligation:
[Applicable][21]]

---

jurisdiction in which the Reference Entity is organized and any other internationally recognized published or electronically displayed news sources.

16   If Notice of Publicly Available Information has been selected by the parties and a number of Public Sources is not specified, the Credit Derivatives Definitions provide that the Specified Number will be two.

17   Specify whether the parties intend Grace Period Extension to apply. If Grace Period Extension is not specified here as being applicable, Grace Period Extension will not apply to the Credit Derivative Transaction.

18   If Grace Period Extension is applicable, the parties may also wish to specify the number of days in the Grace Period. Parties should specify whether the Grace Period is to be measured in calendar days. If a number of days is not so specified, Grace Period will be the lesser of the applicable grace period with respect to the relevant Obligation and thirty calendar days. If at the later of the Trade Date and the date as of which an Obligation is issued or incurred, no grace period with respect to payments or a grace period with respect to payments of less than three Grace Period Business Days is applicable under the terms of that Obligation, a Grace Period of three Grace Period Business Days shall be deemed to apply to that Obligation. Unless Grace Period Extension is specified as applicable to a Credit Derivative Transaction, this deemed Grace Period will expire no later than the Scheduled Termination Date.

19   Payment Requirement is relevant to the Failure to Pay Credit Event. If a Payment Requirement is not specified, the Credit Derivatives Definitions provide that the Payment Requirement will be USD 1,000,000 or its equivalent in the relevant Obligation Currency as of the occurrence of the relevant Failure to Pay.

20   Specify whether the parties intend Restructuring Maturity Limitation and Fully Transferable Obligation, as set forth in Section 2.32 of the Credit Derivatives Definitions, to apply. If Restructuring Maturity Limitation and Fully Transferable Obligation are specified as applicable, the Restructuring Maturity Limitation Date is the date that is the earlier of 30 months following the Restructuring Date and the latest final maturity date of any Restructured Bond or Loan (but in no event a date earlier than the Scheduled Termination Date or a date later than 30 months following the Scheduled Termination Date) and only Fully Transferable Obligations may constitute Deliverable Obligations. The parties cannot specify that Restructuring Maturity Limitation and Fully Transferable Obligation *and* Modified Restructuring Maturity Limitation and Conditionally Transferable Obligation both apply. If Restructuring Maturity Limitation is not specified as being applicable, Restructuring Maturity Limitation will not apply to the Credit Derivative Transaction.

21   Specify whether the parties intend Modified Restructuring Maturity Limitation and Conditionally Transferable Obligation, as set forth in Section 2.33 of the Credit Derivatives Definitions, to apply. If Modified Restructuring Maturity Limitation and Conditionally Transferable Obligation are specified as applicable, the Modified Restructuring Maturity Limitation Date is the later of (x) 60 months for a Restructured Bond or Loan (and 30 months for other Deliverable Obligations) following the Restructuring Date and (y) the Scheduled Termination Date, and only Conditionally Transferable Obligations may constitute Deliverable Obligations. The parties cannot specify that Restructuring Maturity

[[Multiple Holder Obligation:]²²

[Applicable]]

[Default Requirement: [   ]]²³

Obligation(s):

Obligation Category (Select only one):	Obligation Characteristics (Select all that apply):
[ ] Payment [ ] Borrowed Money [ ] Reference Obligations Only²⁴ [ ] Bond [ ] Loan [ ] Bond or Loan	[ ] Not Subordinated [ ] Specified Currency: [ ]²⁵ [ ] Not Sovereign Lender [ ] Not Domestic Currency [Domestic Currency means: [ ]]²⁶ [ ] Not Domestic Law [ ] Listed [ ] Not Domestic Issuance

[and:]

[Specify any other obligations of a Reference Entity.]

[Excluded Obligations:]²⁷   [   ]

4.   Settlement Terms:

Settlement Method: [Cash Settlement] [Physical Settlement]

[[Terms Relating to Cash Settlement:]²⁸

Limitation and Fully Transferable Obligation *and* Modified Restructuring Maturity Limitation and Conditionally Transferable Obligation both apply. If Modified Restructuring Maturity Limitation is not specified as being applicable, Modified Restructuring Maturity Limitation will not apply to the Credit Derivative Transaction.

22   Unless Not Applicable is specified, the Credit Derivatives Definitions provide that Restructurings are limited to Multiple Holder Obligations.

23   Default Requirement is relevant to the Obligation Acceleration, Obligation Default, Repudiation/Moratorium and Restructuring Credit Events. If a Default Requirement is not specified, the Credit Derivatives Definitions provide that the Default Requirement will be USD 10,000,000 or its equivalent in the relevant Obligation Currency as of the occurrence of the relevant Credit Event.

24   If Reference Obligations Only is specified as the Obligation Category, no Obligation Characteristics should be specified.

25   Specify Currency. The Credit Derivatives Definitions provide that, if no currency is so specified, Specified Currency means the lawful currencies of any of Canada, Japan, Switzerland, the United Kingdom and the United States of America and the euro (and any successor currency to any such currency). The Credit Derivatives Definitions provide that these currencies may be referred to collectively in a Confirmation as the "Standard Specified Currencies".

26   If no currency is specified, the Credit Derivatives Definitions provide that Domestic Currency will be the lawful currency and any successor currency of (a) the relevant Reference Entity, if the Reference Entity is a Sovereign, or (b) the jurisdiction in which the relevant Reference Entity is organized, if the Reference Entity is not a Sovereign. In no event shall Domestic Currency include any successor currency if such successor currency is the lawful currency of any of Canada, Japan, Switzerland, the United Kingdom or the United States of America or the euro (or any successor currency to any such currency).

27   Unless specified here as an Excluded Obligation, the Reference Obligation will be an Obligation.

28   Include if Cash Settlement applies.

[Valuation Date:]²⁹ [Single Valuation Date:
[   ] Business Days]³⁰

[Multiple Valuation Dates:
[   ] Business Days³¹; and
each [   ] Business Days thereafter³²
Number of Valuation Dates: [   ]]³³

[Valuation Time:]³⁴

[Quotation Method: [Bid][Offer][Mid-market]]³⁵

[Quotation Amount: [   ][Representative Amount]³⁶

[Minimum Quotation Amount:]³⁷

[Dealer(s):   ]³⁸

[Settlement Currency:]³⁹

[Cash Settlement Date: [   ] Business Days]⁴⁰

[Cash Settlement Amount:]⁴¹

[Quotations: [Include Accrued Interest][Exclude Accrued Interest]]⁴²

---

29   Include if the Cash Settlement Amount is not a fixed amount. The Credit Derivatives Definitions provide that if neither Single Valuation Date nor Multiple Valuation Dates is specified here, Single Valuation Date will apply.
30   If the number of Business Days is not specified, the Credit Derivatives Definitions provide that this will be five Business Days.
31   If the number of Business Days is not specified, the Credit Derivatives Definitions provide that this will be five Business Days.
32   If the number of Business Days is not specified, the Credit Derivatives Definitions provide that this will be five Business Days.
33   If the number of Valuation Dates is not specified, the Credit Derivatives Definitions provide that there will be five Valuation Dates.
34   If no time is specified, the Credit Derivatives Definitions provide that the Valuation Time will be 11:00 a.m. in the principal trading market for the Reference Obligation.
35   If no Quotation Method is specified, the Credit Derivatives Definitions provide that Bid shall apply.
36   Specify either an amount in a currency or Representative Amount. If no Quotation Amount is specified, the Credit Derivatives Definitions provide that the Quotation Amount will be the Floating Rate Payer Calculation Amount.
37   If no amount is specified, the Credit Derivatives Definitions provide that the Minimum Quotation Amount will be the lower of (i) USD 1,000,000 (or its equivalent in the relevant Obligation Currency) and (ii) the Quotation Amount.
38   Specify the Dealers. If no Dealers are specified here, the Calculation Agent will select the Dealers in consultation with the parties.
39   If no currency is specified, the Credit Derivatives Definitions provide that the Settlement Currency will be the currency of denomination of the Floating Rate Payer Calculation Amount.
40   If a number of Business Days is not specified, the Credit Derivatives Definitions specify three Business Days.
41   If no amount is so specified, the Credit Derivatives Definitions provide that the Cash Settlement Amount will be the greater of (a) (i) Floating Rate Payer Calculation Amount multiplied by (ii) the Reference Price minus the Final Price and (b) zero.
42   If neither Include Accrued Interest nor Exclude Accrued Interest is specified with respect to Quotations, the Credit Derivatives Definitions provide that the Calculation Agent will determine, after consultation with the parties, based on then current market practice in the market of the Reference Obligation, whether such Quotations shall include or exclude accrued but unpaid interest.

[Valuation Method:[43]   [Market] [Highest][44]
                               [Average Market] [Highest] [Average Highest][45]
                               [Blended Market] [Blended Highest][46]
                               [Average Blended Market] [Average Blended Highest]][47]]

[Terms Relating to Physical Settlement:][48]

[Physical Settlement Period: [   ] Business Days][49]

[Deliverable Obligations: [Include Accrued Interest] [Exclude Accrued Interest][50]

---

43   Include if the Cash Settlement Amount is not a fixed amount.
44   One of these Valuation Methods may be specified for a Credit Derivative Transaction with only one Reference Obligation and only one Valuation Date. If no Valuation Method is specified in such circumstances, the Credit Derivatives Definitions provide that the Valuation Method shall be Highest.
45   One of these three Valuation Methods may be specified for a Credit Derivative Transaction with only one Reference Obligation and more than one Valuation Date. If no Valuation Method is specified in such circumstances, the Credit Derivatives Definitions provide that Average Highest shall apply.
46   One of these Valuation Methods may be specified for a Credit Derivative Transaction with more than one Reference Obligation and only one Valuation Date. If no Valuation Method is specified in such circumstances, the Credit Derivatives Definitions provide that Blended Highest shall apply.
47   One of these Valuation Methods may be specified for a Credit Derivative Transaction with more than one Reference Obligation and more than one Valuation Date. If no Valuation Method is specified in such circumstances, the Credit Derivatives Definitions provide that Average Blended Highest shall apply.
48   Include if Physical Settlement applies. Subject to contrary agreement between the parties, the Partial Cash Settlement Terms contained in the Credit Derivatives Definitions apply automatically in the context of events rendering it impossible or illegal for Buyer to Deliver or for Seller to accept Delivery of the Deliverable Obligations on or prior to the Latest Permissible Physical Settlement Date. This should be distinguished from the Partial Cash Settlement of Consent Required Loans, Partial Cash Settlement of Assignable Loans and Partial Cash Settlement of Participations provisions, which are elective. If applicable for any reason, the Partial Cash Settlement Terms will apply in the form prescribed in the Credit Derivatives Definitions unless contrary provision is made by the parties in the Confirmation.
49   If a number of Business Days is not specified, the Credit Derivatives Definitions provide that the Physical Settlement Period will be, with respect to a Deliverable Obligation, the maximum number of Business Days for settlement in accordance with then current market practice of such Deliverable Obligation, as determined by the Calculation Agent after consultation with the parties.
50   Specify whether, in respect of Deliverable Obligations with an outstanding principal balance, the Deliverable Obligation is to include or exclude accrued but unpaid interest. If neither "Include Accrued Interest" nor "Exclude Accrued Interest" is specified here, the Credit Derivatives Definitions provide that the Deliverable Obligations shall exclude accrued but unpaid interest.

Deliverable Obligations:

Deliverable Obligation Category (Select only one):	Deliverable Obligation Characteristics (Select all that apply):
[ ] Payment [ ] Borrowed Money [ ] Reference Obligations Only[51] [ ] Bond [ ] Loan [ ] Bond or Loan	[ ] Not Subordinated [ ] Specified Currency: [ ][52] [ ] Not Sovereign Lender [ ] Not Domestic Currency [Domestic Currency means: [ ]][53] [ ] Not Domestic Law [ ] Listed [ ] Not Contingent [ ] Not Domestic Issuance [ ] Assignable Loan [ ] Consent Required Loan [ ] Direct Loan Participation Qualifying Participation Seller: [ ][54] [ ] Transferable [ ] Maximum Maturity [ ][55] [ ] Accelerated or Matured [ ] Not Bearer

[and:]

[Specify any other obligations of a Reference Entity.]

[Excluded Deliverable Obligations:][56]   [   ]

---

51   If Reference Obligations Only is specified as the Deliverable Obligation Category, no Deliverable Obligation Characteristics should be specified.

52   Specify Currency. The Credit Derivatives Definitions provide that, if no currency is so specified, Specified Currency means the lawful currencies of any of Canada, Japan, Switzerland, the United Kingdom and the United States of America and the euro (and any successor currency to any such currency). The Credit Derivatives Definitions provide that these currencies may be referred to collectively in a Confirmation as the "Standard Specified Currencies".

53   If no currency is specified, the Credit Derivatives Definitions provide that Domestic Currency will be the lawful currency and any successor currency of (a) the relevant Reference Entity, if the Reference Entity is a Sovereign, or (b) the jurisdiction in which the relevant Reference Entity is organized, if the Reference Entity is not a Sovereign. In no event shall Domestic Currency include any successor currency if such successor currency is the lawful currency of any of Canada, Japan, Switzerland, the United Kingdom or the United States of America or the euro (or any successor currency to any such currency).

54   If Direct Loan Participation is specified as a Deliverable Obligation Characteristic, specify any requirements for the Qualifying Participation Seller here. If requirements are not so specified, the Credit Derivatives Definitions provide that there shall be no Qualifying Participation Seller, with the result that only a participation pursuant to a participation agreement between the Buyer and Seller will constitute a Direct Loan Participation.

55   Specify maximum period to maturity from the Physical Settlement Date.

56   Unless specified as an Excluded Deliverable Obligation, the Reference Obligation will, subject to the second paragraph of Section 2.20(b)(i) and Sections 2.32(a) and 2.33(a), be a Deliverable Obligation even though at the time of delivery it does not fall into the Obligation Category or lacks any or all Deliverable Obligation Characteristics.

[Partial Cash Settlement of Consent Required Loans Applicable][57]

[Partial Cash Settlement of Assignable Loans Applicable][58]

[Partial Cash Settlement of Participations Applicable][59]

Escrow: [Applicable][Not Applicable]

5.   Notice and Account Details:

Telephone and/or
Facsimile Numbers and
Contact Details for Notices:
                              Buyer: [   ]
                              Seller: [   ]
Account Details

Account Details of
Buyer: [   ]

Account Details of Seller: [   ]

[6.   Offices[60]

Seller: [   ]

Buyer: [   ]]

---

57   Include if the parties intend that the Partial Cash Settlement Terms are to be applicable in relation to Consent Required Loans.
58   Include if the parties intend that the Partial Cash Settlement Terms are to be applicable in relation to Assignable Loans.
59   Include if the parties intend that the Partial Cash Settlement Terms are to be applicable in relation to Direct Loan Participations.
60   If necessary, specify the Offices through which the parties are acting for the purposes of the Credit Derivative Transaction.

Closing

Please confirm your agreement to be bound by the terms of the foregoing by executing a copy of this Confirmation and returning it to us [by facsimile].

Yours sincerely,

[PARTY A]

By: _____
    Name:
    Title:

Confirmed as of the date
first above written:

[PARTY B]

By: _____
    Name:
    Title:

Literatur

Aberer u. Gruber 2007

ABERER, B. ; GRUBER, W.: Verbriefungskonstrukte - heilsame Einsichten und attraktive Aussichten. In: *Zeitschrift für das gesamte Kreditwesen* 60 (2007), Nr. 21, S. 16 – 18.

Anson u. a. 2004

ANSON, M. J. P. ; FABOZZI, F. J. ; CHOUDHRY, M. ; CHEN, R. R.: *Credit Derivatives: Instruments, Applications, and Pricing*. Singapore u.a., John Wiley & Sons, 2004.

Bank for International Settlements 2008

BANK FOR INTERNATIONAL SETTLEMENTS: *BIS-Quartalsbericht: Verhaltene Rückkehr der Risikotoleranz*. Internet. `http://www.bis.org/publ/qtrpdf/r_qt0806a_de.pdf`. Version: 2008, Abruf: 01.09.2008.

Baseler Ausschuss für Bankenaufsicht 1988

BASELER AUSSCHUSS FÜR BANKENAUFSICHT: *Internationale Konvergenz der Eigenkapitalmessung und Eigenkapitalanforderungen*. 1988.

Becker u. Wolf 2003

BECKER, A ; WOLF, M.: Die Übertragung von Risiken mit Kreditderivaten - ein Weg aus der Krise? In: *Zeitschrift für das gesamte Kreditwesen* 56 (2003), Nr. 12, S. 45 – 49.

Becker u. Peppmeier 2006

BECKER, H. P. ; PEPPMEIER, A.: *Bankbetriebslehre*. 6. Aufl. Ludwigshafen, Kiehl, 2006.

Bielecki u. Rutkowski 2004

BIELECKI, T. R. ; RUTKOWSKI, M.: *Credit Risk: Modeling, Valuation and Hedging*. 2. Aufl. Berlin u. a., Springer, 2004.

Binder 2005

BINDER, I.: ISDA-Dokumentation von Credit-Default-Swapes. In: GRUBER, J. (Hrsg.) ; GRUBER, W. (Hrsg.) ; BRAUN, H. (Hrsg.): *Praktiker-Handbuch: Asset-Backed-Securities und Kreditderivate*. Stuttgart, Schäffer-Poeschel, 2005, S. 455 – 474.

Black u. Cox 1976

BLACK, F. ; COX, J. C.: Valuing Corporate Securities: Some Effects of Bond Indenture Provisions. In: *Journal of Finance* 31 (1976), Nr. 2, S. 351 – 367.

Black u. Scholes 1973

BLACK, F. ; SCHOLES, M.: The Pricing of Options and Corporate Liabilities. In: *Journal of Political Economy* 81 (1973), Nr. 3, S. 637 – 654.

Bomfim 2005

BOMFIM, A. N.: *Understanding Credit Derivatives and Related Instruments.* Amsterdam, Elsevier Academic Press, 2005.

Börse Online 2008

BÖRSE ONLINE: *IKB geht an US-Beteiligungsfirma.* Internet. http://www.boerse-online.de/aktien/deutschland_europa/501833.html? nv=nv-suche. Version: 2008, Abruf: 25.08.2008.

Brabänder 2008

BRABÄNDER, B.: Subprime-Krise: Die Rolle der Rating-Agenturen. In: *Die Bank* (2008), Nr. 8, S. 8 – 15.

Braun 2005

BRAUN, H.: Klassifizierung von Asset-Backed-Securities. In: GRUBER, J. (Hrsg.) ; GRUBER, W. (Hrsg.) ; BRAUN, H. (Hrsg.): *Praktiker-Handbuch: Asset-Backed-Securities und Kreditderivate.* Stuttgart, Schäffer-Poeschel, 2005, S. 61 – 75.

British Bankers' Association 2006

BRITISH BANKERS' ASSOCIATION: *BBA Credit Derivatives Report 2006.* Internet. http://www.bba.org.uk/content/1/c4/76/71/Credit_derivative_report_2006_exec_summary.pdf. Version: 2006, Abruf: 25.08.2008.

Brütting u. Weber 2004

BRÜTTING, C. ; WEBER, N.: Kreditderivate. In: *Die Betriebswirtschaft* 64 (2004), Nr. 3, S. 379 – 383.

Buffet 2002

BUFFET, W.: *Berkshire Hathaway Inc.: Annual Report.* 2002.

Bund 2000

BUND, S.: Collateralized Debt Obligations: Die Formel 1 Unter den Asset Backed Securities. In: *Die Bank* 55 (2000), Nr. 3, S. 196 – 201.

Burghof u. Henke 2000

BURGHOF, H. P. ; HENKE, S.: Perspektive des Einsatzes von Produkten des Kreditrisikomanagements auf Bankkredite. In: JOHANNING, L. (Hrsg.) ; RUDOLPH, B. (Hrsg.): *Handbuch Risikomanagement.* Bad Soden, Uhlenbruch Verlag, 2000, S. 351 – 371.

Burghof u. Henke 2005a

BURGHOF, H. P. ; HENKE, S.: Alternative Produkte des Kreditrisikotransfers. In: BURGHOF, H. P. (Hrsg.) ; HENKE, S. (Hrsg.) ; RUDOLPH, B. (Hrsg.) ; SCHÖNBUCHER, P. J. (Hrsg.) ; SOMMER, D. (Hrsg.): *Kreditderivate: Handbuch für die Bank- und Anlagepraxis.* 2. Aufl. Stuttgart, Schäffer-Poeschel, 2005, S. 105 – 120.

Burghof u. Henke 2005b

BURGHOF, H. P. ; HENKE, S.: Entwicklungslinien des Marktes für Kreditderivate. In: BURGHOF, H. P. (Hrsg.) ; HENKE, S. (Hrsg.) ; RUDOLPH, B. (Hrsg.) ; SCHÖNBUCHER, P. J. (Hrsg.) ; SOMMER, D. (Hrsg.): *Kreditderivate: Handbuch für die Bank- und Anlagepraxis.* 2. Aufl. Stuttgart, Schäffer-Poeschel, 2005, S. 31 – 52.

Burghof u. a. 2005

BURGHOF, H. P. ; RUDOLPH, B. ; PAUL, S.: Kreditrisiken und Kreditmärkte. In: BURGHOF, H. P. (Hrsg.) ; HENKE, S. (Hrsg.) ; RUDOLPH, B. (Hrsg.) ; SCHÖNBUCHER, P. J. (Hrsg.) ; SOMMER, D. (Hrsg.): *Kreditderivate: Handbuch für die Bank- und Anlagepraxis.* 2. Aufl. Stuttgart, Schäffer-Poeschel, 2005, S. 3 – 29.

Cluse u. a. 2005

CLUSE, M. ; DERNBACH, A. ; ENGELS, J. ; LELLMANN, P.: Einführung in Basel II. In: DELOITTE (Hrsg.): *Basel II: Handbuch zur praktischen Umsetzung des neuen Bankenaufsichtsrechts.* Berlin, Erich Schmidt Verlag, 2005, S. 19 – 44.

Committee on the Global Financial System 2003

COMMITTEE ON THE GLOBAL FINANCIAL SYSTEM: *Credit risk transfer.* Bank for International Settlements, 2003.

Das 2005

DAS, S.: *Credit Derivatives, CDOs & Strucured Credit Products.* 3. Aufl. Singapore u.a., John Wiley & Sons, 2005.

Deutsche Bank 2007

DEUTSCHE BANK: *Finanzbericht.* 2007.

Deutsche Bundesbank 1997

DEUTSCHE BUNDESBANK: Asset-Backed Securities in Deutschland. In: *Monatsbericht Juli* (1997), S. 57 – 67.

Deutsche Bundesbank 2002

DEUTSCHE BUNDESBANK: Das Eigenkapital der Kreditinstitute aus bankinterner und regulatorischer Sichte. In: *Monatsbericht Januar* (2002), S. 41 – 60.

Deutsche Bundesbank 2004

DEUTSCHE BUNDESBANK: Instrumente zum Risikotransfer: Einsatz bei deutschen Banken und Aspekte der Finanzstabilität. In: *Monatsbericht April* (2004), S. 27 – 45.

Deutsche Bundesbank 2006

DEUTSCHE BUNDESBANK: Finanzderivate und ihre Rückwirkung auf die Kassamärkte. In: *Monatsbericht Juli* (2006), S. 55 – 68.

Deutsche Bundesbank 2008

DEUTSCHE BUNDESBANK: Neuere Entwicklungen im internationalen Finanzsystem. In: *Monatsbericht Juli* (2008), S. 15 – 31.

Dodd 2007

DODD, R.: Subprime: Tentacles of a Crisis. In: *Finance and Development* 44 (2007), Nr. 4, S. 15 – 19.

Dodd u. Mills 2008

DODD, R. ; MILLS, P.: Outbreak: U.S. Subprime Contagion. In: *Finance and Development* 45 (2008), Nr. 2, S. 14 – 18.

Dorendorf 2005

DORENDORF, B.: Der Einsatz von Kreditderivaten bei Kredit- und Forderungsverbriefung. In: ELLER, R. (Hrsg.) ; HEINRICH, M. (Hrsg.) ; PERROT, R. (Hrsg.) ; REIF, M. (Hrsg.): *Handbuch Derivater Instrumente.* 3. Aufl. Stuttgart, Schäffer-Poeschel, 2005, S. 61 – 90.

Duffie u. Singleton 1999

DUFFIE, S. ; SINGLETON, K. J.: Modeling Term Structures of Defaultable Bonds. In: *Review of Financial Studies* 12 (1999), Nr. 4, S. 687 – 720.

Dülfer 2005

DÜLFER, C.: Marktstruktur, Handelsplätze und Marktteilnehmer. In: BURGHOF, H. P. (Hrsg.) ; HENKE, S. (Hrsg.) ; RUDOLPH, B. (Hrsg.) ; SCHÖNBUCHER, P. J. (Hrsg.) ; SOMMER, D. (Hrsg.): *Kreditderivate: Handbuch für die Bank- und Anlagepraxis.* 2. Aufl. Stuttgart, Schäffer-Poeschel, 2005, S. 123 – 147.

Eichhorn u. Eichhorn-Schurig 2006

EICHHORN, M. ; EICHHORN-SCHURIG, M.: Kreditderivate: weiteres Wachstum, neue Strukturen. In: *Zeitschrift für das gesamte Kreditwesen* 59 (2006), Nr. 22, S. 25 – 27.

Eller u. Heinrich 2004

ELLER, R. ; HEINRICH, M.: *Kreditderivate in der praktischen Anwendung*. Stuttgart, Deutscher Sparkassen Verlag, 2004.

Eller u. a. 2008

ELLER, R. ; WAITZ, A ; KURFELS, M.: Subprime-Krise: Lehren für Banken und Sparkassen. In: *BankPraktiker* (2008), Nr. 1, S. 26 – 33.

Federal Reserve 2008

FEDERAL RESERVE: *Federal Reserve Historical Data: Federal Funds*. Internet. `http://www.federalreserve.gov/releases/h15/data/Monthly/H15_FF_O.txt`. Version: 2008, Abruf: 01.09.2008.

Felsenheimer u. a. 2006a

FELSENHEIMER, J. ; GISDAKIS, P ; ZAISER, M.: Abbildung von Ausfallereignissen in Intensitätsmodellen. In: *Risiko Manager* (2006), Nr. 8, S. 9 –13.

Felsenheimer u. a. 2006b

FELSENHEIMER, J. ; GISDAKIS, P ; ZAISER, M.: Kreditrisikobewertung mit Structual Models. In: *Risiko Manager* (2006), Nr. 7, S. 12 – 18.

Financial Times Deutschland 2008a

FINANCIAL TIMES DEUTSCHLAND: *Anleiheversicherern droht der Untergang*. Internet. `http://www.ftd.de/unternehmen/finanzdienstleister/: Anleiheversicherern%20Untergang/369307.html?eid=237639`. Version: 2008, Abruf: 20.08.2008.

Financial Times Deutschland 2008b

FINANCIAL TIMES DEUTSCHLAND: *Bear Stearns ist Geschichte*. Internet. `http://www.ftd.de/unternehmen/finanzdienstleister/: Bear%20Stearns%20Geschichte/361966.html`. Version: 2008, Abruf: 14.08.2008.

Financial Times Deutschland 2008c

FINANCIAL TIMES DEUTSCHLAND: *Countrywide flüchtet in Arme von Bank of America*. Internet. `http://www.ftd.de/unternehmen/finanzdienstleister/: Countrywide%20Arme%20Bank%20America/302323.html`. Version: 2008, Abruf: 08.07.2008.

Financial Times Deutschland 2008d

FINANCIAL TIMES DEUTSCHLAND: *Drama an der Wall Street: Zitterpartie um Lehman verlängert*. Internet. `http://www.ftd.de/unternehmen/finanzdienstleister/:`

`Drama-an-der-Wall-Street-Zitterpartie-um-Lehman-verl%E4ngert/`
`413187.html`. Version: 2008, Abruf: 14.09.2000.

Financial Times Deutschland 2008e

FINANCIAL TIMES DEUTSCHLAND: *Die Fed auf neuen Wegen.* Internet. `http://www.ftd.de/boersen_maerkte/aktien/marktberichte/:Die%` `20Fed%20Wegen/332020.html`. Version: 2008, Abruf: 02.09.2008.

Financial Times Deutschland 2008f

FINANCIAL TIMES DEUTSCHLAND: *Kalifornische Hypothekenbank kollabiert.* Internet. `http://www.ftd.de/unternehmen/finanzdienstleister/:` `Kreditkrise%20Kalifornische%20Hypothekenbank/384872.html`. Version: 2008, Abruf: 10.08.2008.

Financial Times Deutschland 2008g

FINANCIAL TIMES DEUTSCHLAND: *US-Regierung fängt Fannie und Freddie auf.* Internet. `http://www.ftd.de/unternehmen/` `finanzdienstleister/:Folge-der-Finanzkrise-US-Regierung-f%` `E4ngt-Fannie-und-Freddie-auf/410600.html`. Version: 2008, Abruf: 07.09.2008.

Franke 2005

FRANKE, G.: Risikomanagement mit Kreditderivaten. In: BURGHOF, H. P. (Hrsg.) ; HENKE, S. (Hrsg.) ; RUDOLPH, B. (Hrsg.) ; SCHÖNBUCHER, P. J. (Hrsg.) ; SOMMER, D. (Hrsg.): *Kreditderivate: Handbuch für die Bank- und Anlagepraxis.* 2. Aufl. Stuttgart, Schäffer-Poeschel, 2005, S. 309 – 329.

Geske 1977

GESKE, R.: The Valuation of Corporate Liabilites as Compound Options. In: *Journal of Financial and Quantitative Analysis* 12 (1977), Nr. 4, S. 541 – 552.

Goodman u. a. 2008

GOODMAN, L. S. ; LI, S. ; LUCAS, D. J. ; ZIMMERMAN, T. A. ; FABOZZI, F. J.: *Subprime Mortgage Credit Derivatives.* Hoboken u. a., John Wiley & Sons, 2008.

Gruber u. Schmid 2005

GRUBER, J. ; SCHMID, I.: Kreditderivate: Anwendungsmöglichkeiten und Handelsstrategien. In: GRUBER, J. (Hrsg.) ; GRUBER, W. (Hrsg.) ; BRAUN, H. (Hrsg.): *Praktiker-Handbuch: Asset-Backed-Securities und Kreditderivate.* Stuttgart, Schäffer-Poeschel, 2005, S. 229 – 250.

Hagedorn 2007

HAGEDORN, D.: Die Subprime-Krise und ihre Folgen: Turbulenzen an den Finanzmärkten. In: *Die Bank* (2007), Nr. 12, S. 20 – 26.

Handelsblatt 2007

HANDELSBLATT: *ABX-Index: Das neue Krisenbarometer.* Internet. `http://www.handelsblatt.com/finanzen/boerse-inside/das-neue-krisenbarometer;1367939;0`. Version: 2007, Abruf: 02.09.2008.

Hartmann-Wendels 2008

HARTMANN-WENDELS, T.: Asset Backed Securities und die internationale Finanzkrise. In: *Das Wirtschaftsstudium* 37 (2008), Nr. 5, S. 690 – 694.

Hartmann-Wendels u. a. 2007

HARTMANN-WENDELS, T. ; PFINGSTEN, A. ; WEBER, M.: *Bankbetriebslehre*. 4. Aufl. Berlin u. a., Springer, 2007.

Haßkerl u. Koch 2003

HASSKERL, M. ; KOCH, M.: Beschreibung und Pricing von innovativen Produkten. In: ELLER, R. (Hrsg.) ; GRUBER, W. (Hrsg.) ; REIF, M. (Hrsg.): *Handbuch MaK*. Stuttgart, Schäffer-Poeschel, 2003, S. 159 – 183.

Heinrich 2005

HEINRICH, M.: Kreditderivate. In: ELLER, R. (Hrsg.) ; HEINRICH, M. (Hrsg.) ; PERROT, R. (Hrsg.) ; REIF, M. (Hrsg.): *Handbuch Derivater Instrumente*. 3. Aufl. Stuttgart, Schäffer-Poeschel, 2005, S. 33 – 60.

Herrmann 2005

HERRMANN, M.: Collateralized Loan Obligations. In: BURGHOF, H. P. (Hrsg.) ; HENKE, S. (Hrsg.) ; RUDOLPH, B. (Hrsg.) ; SCHÖNBUCHER, P. J. (Hrsg.) ; SOMMER, D. (Hrsg.): *Kreditderivate: Handbuch für die Bank- und Anlagepraxis*. 2. Aufl. Stuttgart, Schäffer-Poeschel, 2005, S. 87 – 104.

Hielscher 1996

HIELSCHER, U.: *Investmentanalyse*. 2. Aufl. München, Oldenbourg Verlag, 1996.

Horat 2003

HORAT, R.: Kreditderivate: Variantenreiche Finanzinstrumente mit Potenzial für die Praxis. In: *Der Schweizer Treuhänder* 77 (2003), Nr. 11, S. 969 – 976.

Hull 2006

HULL, J. C.: *Optionen, Futures und andere Derivate*. 6. Aufl. München, Pearson Studium, 2006.

HypoVereinsbank 2007

HypoVereinsbank: *Geschäftsbericht.* 2007.

International Swaps and Derivatives Association 2008

International Swaps and Derivatives Association: *ISDA Market Survey.* Internet. http://www.isda.org/statistics/pdf/ ISDA-Market-Survey-historical-data.pdf. Version: 2008, Abruf: 25.08.2008.

Internationaler Währungsfonds 2008

Internationaler Währungsfonds: *Global Financial Stability Report.* 2008.

Jarrow u. Turnbull 1995

Jarrow, R. ; Turnbull, S.: Pricing Options on Financial Securities Subject to Default Risk. In: *Journal of Finance* 50 (1995), Nr. 1, S. 53 – 85.

Klein 2008

Klein, D. K. R.: Turbulenzen an den internationalen Finanzmärkten: Ursachen, Auswirkungen und Lehren. In: *Zeitschrift für das gesamte Kreditwesen* 61 (2008), Nr. 2, S. 35 – 39.

Kretschmer 1999

Kretschmer, J.: Credit Risk$^+$ – Ein portfolioorientiertes Kreditrisikomodell. In: Eller, R. (Hrsg.) ; Gruber, W. (Hrsg.) ; Reif, M. (Hrsg.): *Handbuch Kreditrisikomodelle und Kreditderivate.* Stuttgart, Schäffer-Poeschel, 1999, S. 359 – 384.

Lause 2005

Lause, S.: Einfache und exotische Strukturen von Kreditderivaten. In: Gruber, J. (Hrsg.) ; Gruber, W. (Hrsg.) ; Braun, H. (Hrsg.): *Praktiker-Handbuch: Asset-Backed-Securities und Kreditderivate.* Stuttgart, Schäffer-Poeschel, 2005, S. 19 – 59.

Lerbinger 1987

Lerbinger, P.: Asset Backed Securities am US-Kapitalmarkt. In: *Die Bank* (1987), Nr. 6, S. 310 – 315.

Lorenz u. Gruber 2003

Lorenz, B. ; Gruber, W.: Bewertung von Krediten und Kreditderivaten mittels ausfallbasierter Ansätze. In: Eller, R. (Hrsg.) ; Gruber, W. (Hrsg.) ; Reif, M. (Hrsg.): *Handbuch MaK.* Stuttgart, Schäffer-Poeschel, 2003, S. 335 – 361.

Lucas u. a. 2006

LUCAS, D. J. ; GOODMAN, L. S. ; FABOZZI, F. J.: *Collateralized Debt Obligations: Structures and Analysis*. 2. Aufl. Hoboken u. a., John Wiley & Sons, 2006.

Markit 2008

MARKIT: *Markit ABX.HE Historical Prices*. http://markit.com/information/products/category/indices/abx/history.html. Version: 2008, Abruf: 02.09.2008.

Martin u. a. 2006

MARTIN, M. R. W. ; REITZ, S. ; WEHN, C. S.: *Kreditderivate und Kreditrisikomodelle*. Wiesbaden, Vieweg, 2006.

Meissmer 2001

MEISSMER, V.: Synthetische ABS: Die neue Art, wie Finanzinstitute ihr Kapital optimieren können. In: *Kreditpraxis* (2001), Nr. 1, S. 4 – 7.

Meissner 2005

MEISSNER, G.: *Credit Derivatives: Application, Pricing and Risk Management*. Malden u.a., Blackwell, 2005.

Merton 1974

MERTON, R. C.: On the Pricing of Corporate Debt: The Risk Structure of Interest Rates. In: *Journal of Finance* 29 (1974), Nr. 2, S. 449 – 470.

Moody's Global Credit Research 2008

MOODY'S GLOBAL CREDIT RESEARCH: *European Corporate Default and Recovery Rates, 1985-2007*. 2008.

Neske 2005

NESKE, C.: Grundformen von Kreditderivaten. In: BURGHOF, H. P. (Hrsg.) ; HENKE, S. (Hrsg.) ; RUDOLPH, B. (Hrsg.) ; SCHÖNBUCHER, P. J. (Hrsg.) ; SOMMER, D. (Hrsg.): *Kreditderivate: Handbuch für die Bank- und Anlagepraxis*. 2. Aufl. Stuttgart, Schäffer-Poeschel, 2005, S. 55 – 69.

Oehler u. Unser 2001

OEHLER, A. ; UNSER, M.: *Finanzwirtschaftliches Risikomanagement*. Berlin u. a., Springer, 2001.

Order 2000

ORDER, R. V.: A Microeconomic Analysis of Fannie Mae and Freddie Mac. In: *Regulation* 23 (2000), Nr. 2, S. 27 – 33.

Parchert 2003

PARCHERT, R.: Praktische Ermittlung von Ausfallwahrscheinlichkeiten anhand empirischer Erhebungen. In: ELLER, R. (Hrsg.) ; GRUBER, W. (Hrsg.) ; REIF, M. (Hrsg.): *Handbuch MaK*. Stuttgart, Schäffer-Poeschel, 2003, S. 285 – 309.

Perridon u. Steiner 2007

PERRIDON, L. ; STEINER, M.: *Finanzwirtschaft der Unternehmung*. 14. Aufl. München, Vahlen, 2007.

Reuters 2008

REUTERS: *Global Financial Writedowns and Credit Loses*. Internet. `http://uk.reuters.com/article/fundsNews2/idUKLC33697120080812`. Version: 2008, Abruf: 18.08.2008.

Rösch 2001

RÖSCH, D.: Transfer von Kreditrisiko: Strukturen von Kreditderivaten. In: *Kreditpraxis* (2001), Nr. 1, S. 8 – 13.

Rudolph u. a. 2007

RUDOLPH, B. ; HOFMANN, B. ; SCHABER, A. ; SCHÄFER, K: *Kreditrisikotransfer: Moderne Instrumente und Methoden*. Berlin u. a., Springer, 2007.

Sanio 2008

SANIO, J.: Giftmüll im internationalen Finanzsystem - Abfuhr tut not. In: *Zeitschrift für das gesamte Kreditwesen* 61 (2008), Nr. 1, S. 16 – 18.

Schönbucher 2003

SCHÖNBUCHER, P. J.: *Credit Derivatives Pricing Models*. Hoboken u. a., John Wiley & Sons, 2003.

Schönbucher 2005

SCHÖNBUCHER, P. J.: Kreditrisikomodelle zur Bewertung von Kreditderivaten. In: BURGHOF, H. P. (Hrsg.) ; HENKE, S. (Hrsg.) ; RUDOLPH, B. (Hrsg.) ; SCHÖNBUCHER, P. J. (Hrsg.) ; SOMMER, D. (Hrsg.): *Kreditderivate: Handbuch für die Bank- und Anlagepraxis*. 2. Aufl. Stuttgart, Schäffer-Poeschel, 2005, S. 659 – 713.

Securities Industry and Financial Markets Association 2008a

SECURITIES INDUSTRY AND FINANCIAL MARKETS ASSOCIATION: *Global CDO Market Issuance Data*. Internet. `http://www.sifma.org/research/pdf/SIFMA_CDOIssuanceData2008q2.pdf`. Version: 2008, Abruf: 20.08.2008.

Securities Industry and Financial Markets Association 2008b

SECURITIES INDUSTRY AND FINANCIAL MARKETS ASSOCIATION: *Mortgage-Related Issuance*. Internet. `http://www.sifma.org/research/pdf/Mortgage_Related_Issuance.pdf`. Version: 2008, Abruf: 20.08.2008.

Securities Industry and Financial Markets Association 2008c

SECURITIES INDUSTRY AND FINANCIAL MARKETS ASSOCIATION: *Securitisation Data Report: Q1 2008*. Internet. `http://www.europeansecuritisation.com/Market_Standard/ESF%20Securitisation%20Data%20Report%202008-Q1.pdf`. Version: 2008, Abruf: 01.09.2008.

Smithson 2003

SMITHSON, C. W.: *Credit Portfolio Management: A Portfolio Approach to Risk Management*. Hoboken u. a., John Wiley & Sons, 2003.

S&P/Case-Shiller Home Price Indices 2008

S&P/CASE-SHILLER HOME PRICE INDICES: *Case-Shiller-Index: Composite 10*. Internet. `http://www2.standardandpoors.com/portal/site/sp/en/eu/page.topic/indices_csmahp/2,3,4,0,0,0,0,0,0,1,5,0,0,0,0,0.html`. Version: 2008, Abruf: 01.09.2008.

Spiegel Online 2007a

SPIEGEL ONLINE: *Kreditderivate: Investments wie Zeitbomben*. Internet. `http://www.spiegel.de/wirtschaft/0,1518,492381,00.html`. Version: 2007, Abruf: 01.07.2008.

Spiegel Online 2007b

SPIEGEL ONLINE: *New Century Financial beantragt Gäubigerschutz*. Internet. `http://www.spiegel.de/wirtschaft/0,1518,475330,00.html`. Version: 2007, Abruf: 02.09.2008.

Steiner u. Bruns 2002

STEINER, M. ; BRUNS, C.: *Wertpapiermanagement*. 8. Aufl. Stuttgart, Schäffer-Poeschel, 2002.

Tavakoli 2003

TAVAKOLI, J. M.: *Collateralized Debt Obligations and Structured Finance*. Hoboken u. a., John Wiley & Sons, 2003.

Winkel 2004

WINKEL, M.: Kreditderivate. In: *Wirtschaftswissenschaftliches Studium* 33 (2004), Nr. 9, S. 551 – 553.

WirtschaftsWoche 2008

WIRTSCHAFTSWOCHE: *Börsenwert der 25 größten Banken sank bislang um 854 Milliarden Euro*. Internet. `http://www.wiwo.de/finanzen/ boersenwert-der-25-groessten-banken-sank-bislang-um-854-milliarden_ euro-299644/`. Version: 2008, Abruf: 18.08.2008.

Wood 2007

WOOD, D.: Verbriefung: Verkehrte Welt. In: *Deutsches Risk* (2007), Nr. 7, S. 21 – 24.

Zahn u. Lemke 2003

ZAHN, A. ; LEMKE, R.: Collateralized Debt Obligations. In: *Finanz Betrieb* 5 (2003), Nr. 1, S. 37 – 43.